Elsbeth Bihler

Symbolkreis
»Brot – Wein – Fest«

Arbeitsblätter
für die Grundschule

Reihe
»Kreativer Religionsunterricht«

Lahn-Verlag Limburg – Kevelaer

Bibliografische Information Der Deutschen Bibliothek

Die Deutsche Bibliothek verzeichnet diese Publikation in der Deutschen Nationalbibliografie; detaillierte bibliografische Daten sind im Internet über http://dnb.ddb.de abrufbar.

Wir danken den Autorinnen und Autoren sowie den Verlagen für die uns freundlicherweise erteilten Abdruckgenehmigungen. Leider konnten wir nicht in allen Fällen die Rechteinhaber ermitteln. Wir bitten ggf. um Benachrichtigung.

Quellennachweis

10: Liedtext nach Wilhelm Willms (Original: Der grüne Zweig in unserer Hand), © Peter Janssens Musik Verlag, Telgte-Westfalen; Textrechte unbekannt
11 aus: Ursula Wölfel, Achtundzwanzig Lachgeschichten, Hoch-Verlag, Düsseldorf 1969
12 aus: Josef Dalkmann, Das Weizenkorn, Verlag Wort und Werk, Nettetal; Liedrechte bei den Autoren
13: Franz Sageder in: Prediger & Katechet 1/1981
16 aus: Katholisches Bezirksamt Rhein/Lahn, Projekt: Das Mahl Jesu Christi
17: Text 1 aus: Wilhelm Willms, Neu und älter als gedacht, Verlag Butzon & Bercker, Kevelaer 1984; Text 2 aus: Astrid Lindgren, Mio mein Mio, Verlag Oetinger, Hamburg 1959; Lied aus: Ich schenk dir einen Sonnenstrahl, 1985, © Peter Janssens Musik Verlag, Telgte-Westfalen
18, 25, 50, 68, 73: Liedrechte: KiMu Kinder Musik Verlag, Velbert
19 aus: Willi Bruners, Mit Märchen und ihren Sinnbildern, Verlag Herder, Freiburg, 8. Aufl. 1996
21: © Sieger Köder, Brotrede
22 aus: Stefanie Spendel, Leben und Freude durch Gottes Wort, Verlag Friedrich Pustet, Regensburg 1984
23 aus: Wilhelm Matthießen, Die Brote von Stein, Hermann Schaffstein Verlag, Dortmund
26: Liedrechte bei den Autoren
27 aus: Leonardo Boff, Vater unser. Das Gebet umfassender Befreiung, Patmos Verlag, Düsseldorf
30: Rechte beim Autor
37 aus: Vorlesebuch Symbole, Verlag Ernst Kaufmann, Lahr / Patmos Verlag, Düsseldorf
38 aus: Willi Hoffsümmer, Starthilfen für dich, Matthias Grünewald Verlag, Mainz 1978
44 aus: Siegfried Macht, Jeder schweigt anders, Don Bosco Verlag, München
54 aus: Rolf Krenzer, Ich wünsch dir einen guten Tag, Lahn-Verlag, Limburg 1983
55: Lied aus: Ein Strumpf gehört an jedes Bein, © Verlag Ernst Kaufmann, Lahr; Textrechte unbekannt
59 nach: Wilhelm Willms, Mit Gott im Spiel, Verlag Butzon & Bercker, Kevelaer 1982, veränderter Text
65: Lied: © KONTAKTE Musikverlag, 59557 Lippstadt
69 aus: Prediger & Katechet 5/1978
74: Lied aus Wir haben einen Traum, 1972, © Peter Janssens Musik Verlag, Telgte-Westfalen
76: Lied: © Hänssler Verlag, 71088 Holzgerlingen
78: Lied aus: Spielball Schöpfung, 1983, © Peter Janssens Musik Verlag, Telgte-Westfalen

Gedruckt auf chlorfrei gebleichtem, umweltfreundlichem Papier.

© 2004 Lahn-Verlag, Limburg – Kevelaer
Lektorat: Verlagsservice Anne Voorhoeve, Selters
Zeichnungen: Gisa Gericke, Wiesbaden (nach Entwürfen von Elsbeth Bihler)
Umschlaggestaltung: Christoph Kemkes, Geldern
Notensatz: Nikolaus Veeser, Schallstadt
Satz: Schröder Media, Dernbach
Druck und Bindung: Bonifatius, Paderborn
Printed in Germany

Mit dem Kauf des Arbeitsheftes wird die Genehmigung zur Kopie der Arbeitsblätter für den Unterrichtsgebrauch erteilt.
Ansonsten kann ein Abdruck nur mit Genehmigung erfolgen.

ISBN 3-7840-3331-8

Inhalt

Vorwort 5

Weizenkorn
A 1 Weizenkorn (Mandala) 6
A 2 Messlatte Weizenkorn 7
A 3 Das kleine Korn und das große Wunder 8
A 4 Das Schachbrett 9
A 5 Das kleine Korn 10
A 6 Die Geschichte vom Hamster 11
A 7 Das Weizenkorn muss sterben 12
A 8 Die beiden Brüder 13
A 9 Der Traum des Pharao 14

Brot
A 10 Brot (Mandala) 15
A 11 Ein Brot erzählt aus seinem Leben 16
A 12 Brot ist heilig 17
A 13 Der Wert eines Brotes 18
A 14 Die Waage des Königs 19
A 15 Brot vom Himmel 20
A 16 Eine Brotlandschaft 21
A 17 Das Brot des Glücks 22
A 18 Die Brote von Stein 23
A 19 Steine und Brot 24
A 20 Brotvermehrung 25
A 21 Brot und Rosen 26
A 22 Unser täglich Brot 27
A 23 Brot und Wein 28

Trauben und Wein
A 24 Weinstock (Mandala) 29
A 25 Der Weinberg 30
A 26 Weinberge 31
A 27 Die Arbeiter im Weinberg 32
A 28 Zwei Söhne 33
A 29 Böse Winzer 34
A 30 Der Weinstock und die Reben 35
A 31 Traube 36
A 32 Zum Nachtisch Trauben 37
A 33 Die Kundschafter 38
A 34 Wein (Mandala) 39
A 35 Die Kelter 40
A 36 Neuer Wein in neue Schläuche 41
A 37 Hochzeit zu Kana 42
A 38 Silbenrätsel Brot und Wein 43

Fest

A 39	Die heilige Gabe des Festes	44
A 40	Das Fest kann nicht stattfinden	45
A 41	Jahreskreis (Mandala)	46
A 42	Feste im Jahreskreis	47
A 43	Feste im Lebenslauf	48
A 44	Es ist Sonntag	49
A 45	Das Gleichnis vom Festmahl	50
A 46	Das Märchen von Sadko	51
A 47	Psalmen und Lieder	53

Gottesdienst/Messe

A 48	Gottesdienst	54
A 49	Das Andenken	55
A 50	Das letzte Abendmahl	56
A 51	Messe (Mandala)	57
A 52	Die Legende von Tarzisius	58
A 53	Heiliges Brot	59

Kommentar

Einführung	60
Symbolkreis Brot	61
Symbolkreis Trauben und Wein	69
Symbolkreis Fest	73

Vorwort

Symbole und ihre Deutung bilden die Grundlage für jegliches religiöse Tun des Menschen. Sie vermitteln ihm einen Zugang zum Göttlichen, lassen zeichenhaft erahnen, was es mit Gott auf sich hat. Deshalb dürfen sie in der religionspädagogischen Arbeit nicht fehlen.

Nachdem die vielfältigen Anregungen in den fünf Bänden der Reihe »Symbole des Lebens – Symbole des Glaubens« (1992–1997) große Resonanz erfahren haben, wurde der Wunsche geäußert, zu diesen Symbolen auch ganz konkrete Arbeitsblätter für den Religionsunterricht in der Grundschule bereitzustellen. Den sechs Arbeitsheften zum Symbolkreis »Licht«, »Weg«, »Baum und Kreuz«, »Himmel und Erde«, »Haus – Stadt – Steine« und »Wüste – Wasser – Boot« folgt nun das siebte mit dem Thema: »Brot – Wein – Fest«.

Die ersten Arbeitsblätter beschreiben das Wachsen und Werden des Weizenkorns zum Halm, der zweite Teil ist der Symbolik des Brotes gewidmet. Es folgen Arbeitsblätter zum Thema Weinstock, Trauben und Wein. Dem Jahreskreis und Lebenslauf mit seinen Festen gilt der nächste Abschnitt. Das Arbeitsheft schließt ab mit dem Thema Messe und Gottesdienst. Da viele Einzelbereiche aus diesem Themenkreis auch im Rahmen der Kommunionvorbereitung besprochen werden, sind im Kommentarteil verschiedentlich Hinweise auf das Werkbuch »Kommt und seht« zur Kommunionvorbereitung zu finden.

Das Arbeitsheft besteht wiederum aus den beiden Hauptteilen »Arbeitsblätter« (mit Geschichten, Rätseln, Bastel- und Ausmalvorlagen, Liedern usw.) und »Kommentar« (Gestaltungsvorschläge, Anregungen und Erläuterungen zu jedem Arbeitsblatt). Der Auswahl der biblischen Texte und der Themen wurden die Richtlinien für Katholischen Religionsunterricht an Grundschulen zugrunde gelegt. Eine Entscheidung, in welchem Schuljahr die einzelnen Arbeitsblätter eingesetzt werden, bleibt jeder Lehrerin / jedem Lehrer selbst überlassen.

Ich wünsche allen, die sich mit der Weitergabe des Glaubens in Religionsunterricht und Katechese beschäftigen, viel Mut und Durchhaltevermögen und hoffe, mit diesem Arbeitsheft (weitere sind in Vorbereitung) einen Beitrag zu einem lebendigen Religionsunterricht an der Grundschule zu leisten.

Elsbeth Bihler

A 1

Weizenkorn (Mandala)

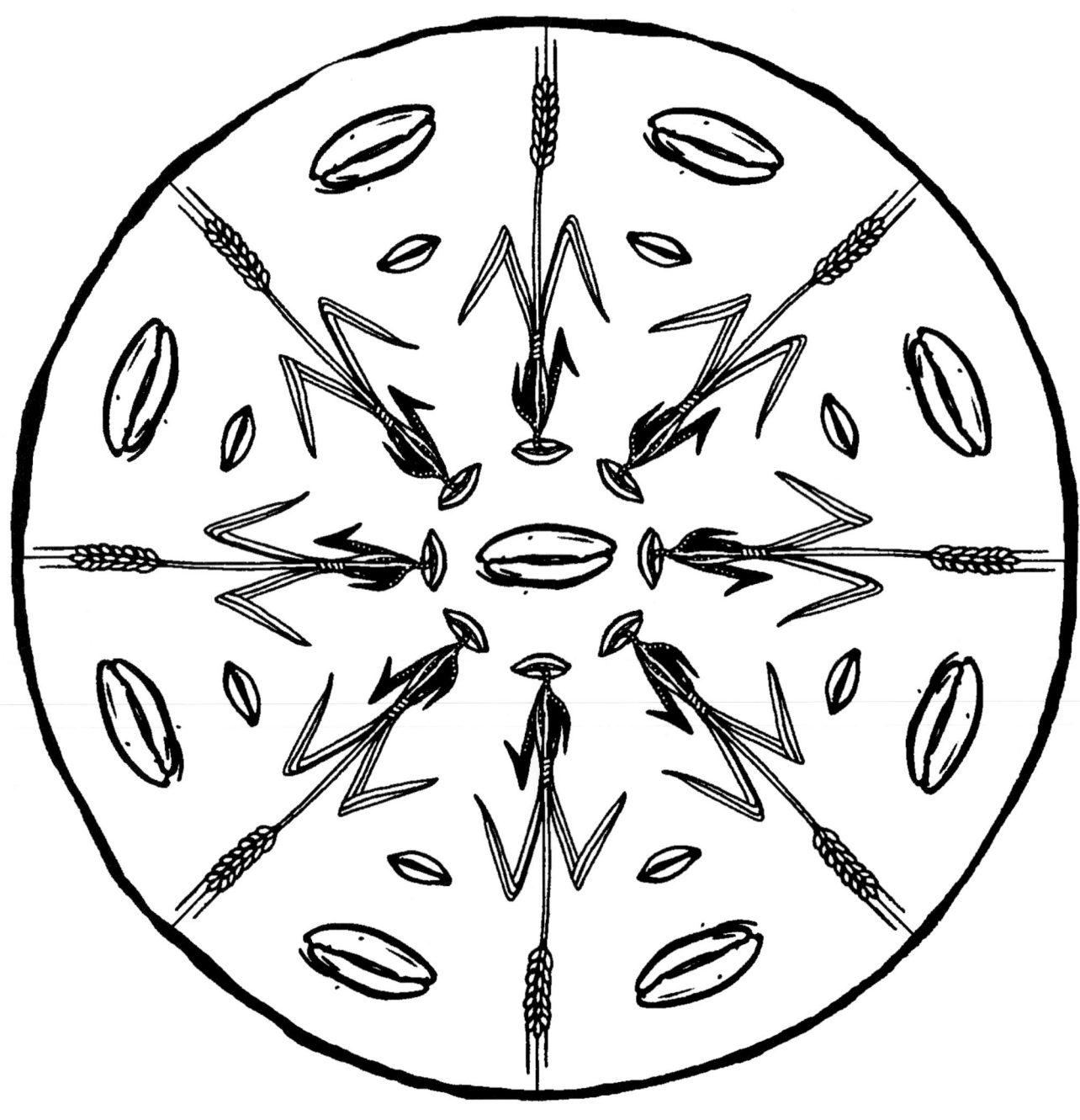

A 2

Messlatte Weizenkorn

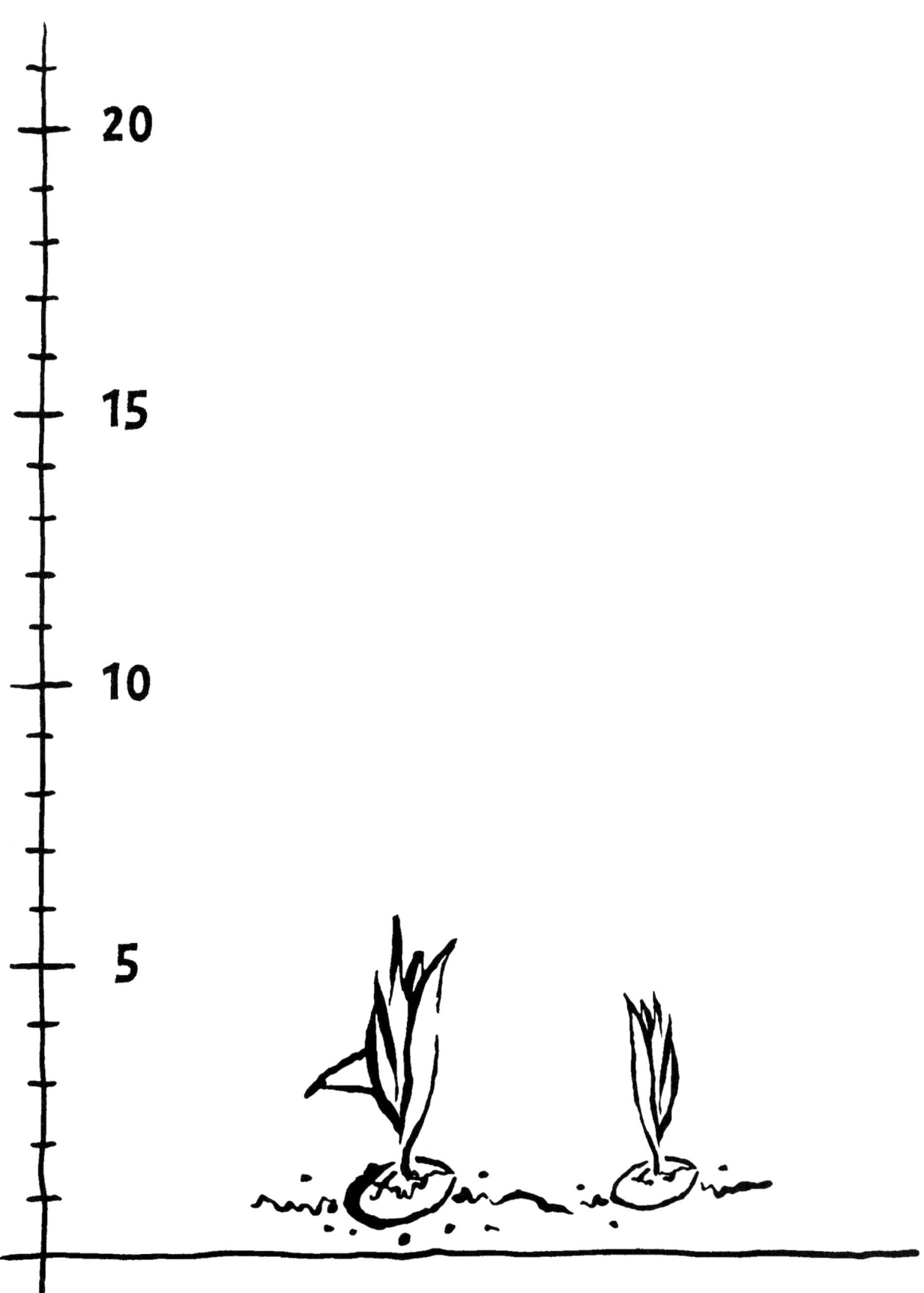

A 3

Das kleine Korn und das große Wunder

Seht euch einmal dieses kleine Korn an! Glaubt ihr mir, wenn ich euch sage, dass das ein großes Wunder ist? Vielleicht nicht. Das habe ich nämlich zuerst auch nicht geglaubt. Aber einmal fuhr ich mit Papa zu Oma. Es war zu der Zeit, als die Bauern mit ihren riesigen Maschinen die Saat auf das Feld brachten. Ich habe eigentlich mehr über die Maschinen gestaunt. Die Körner habe ich nicht gesehen. Es waren Millionen und Millionen und Millionen von Körnern, die da mit einem Schwung auf dem Acker verteilt wurden. Wir haben angehalten und eine Weile zugesehen. Ein paar Körner fielen zu uns auf die Straße. Wir haben eins aufgehoben. Papa sagte: »Das ist eigentlich unglaublich, dass aus so einem Körnchen etwas wachsen soll. Fühl mal, wie hart es ist! Und siehst du die kleine Kerbe in der Mitte?« »Warum wächst denn daraus etwas?«, fragte ich Papa.  Er sagte: »Wenn es in der Erde liegt, wird es warm und der Regen feuchtet die Erde an und die Sonne wärmt es wieder. Dann weicht die harte Schale auf und irgendwann dehnt sich das Innere des Korns aus zu einem Keim. Das ist schon ein Wunder.« »Papa, wie sieht denn das Korn von innen aus?«

Das war gar nicht so einfach, das Korn klein zu kriegen. Wir brauchten zwei Steine dazu. Aber es war nur etwas Weißes drin. So wie Mehl. Klar, aus viel Mehl wird ja auch Brot gebacken. Aber stellt euch einmal vor, wie viele Körner man braucht, um so viel Mehl herzustellen, dass man daraus Brot backen kann! Papa sagte: »Und trotzdem: Aus diesem einen Korn werden viele. Wir können das ja einmal miteinander ausrechnen. Stell dir vor, dieses Korn lag in der Erde. Es ist gewachsen und dann hat der Halm 36 Körner getragen. Die hast du wieder in die Erde gepflanzt. Aus jedem Korn wurden wieder Halme mit 36 Körnern. Wie viele Körner hast du dann?« »Das kann ich nicht rechnen.« »Stimmt«, sagt Papa, »das ist zu anstrengend.« Er holte seinen Taschenrechner aus dem Auto. »Also: 36 Körner mal 36. Das sind dann genau 1 296. Komm, jetzt darfst du wieder mal 36 rechnen, denn wir pflanzen ja auch diese Körner ein.« Also tippte ich ×36 und dann stand da 46 456. Das konnte ich schon nicht mehr lesen. Papa wohl. Dann haben wir wieder ×36 getippt.

Dann kam da heraus: 1 679 616. Und dann noch mal, denn wir hatten Spaß an dem Spiel. Dann kam heraus: 604 666 176. Wir haben es noch einmal probiert, aber das konnte der Taschenrechner auch nicht mehr lesen. »So«, sagte Papa, »und wie oft haben wir jetzt gesät?« »Fünf Mal«, sagte ich. »Ja, und alles aus einem einzigen Korn«, sagte Papa.

Elsbeth Bihler

A 4

Das Schachbrett

Wie viele Körner liegen in den ersten drei weißen Feldern?
Wie viele müssen im vierten Feld liegen?

Versuche, die Anzahl der Körner immer weiter zu verdoppeln, bis du das letzte weiße Feld gefüllt hast! Wie viele Körner sind dann in diesem Feld?

A 5

Das kleine Korn

Da war ein Bauer, der hatte Weizen geerntet und fuhr mit seinem Trecker und einem großen Anhänger voll Weizenkörnern zum Großhandel, um ihn dort zu verkaufen. Er war zufrieden, denn die Ernte war groß. Bevor er die Landstraße erreichte, musste er über Feldwege fahren. Er sah auf seine Felder, die zum Teil noch abgeerntet werden mussten, zum Teil aber schon leer standen. Die Sonne schien warm und das Leben war einfach schön für ihn. Er sagte: »Danke, Gott, dass ich in diesem Jahr so eine gute Ernte und mehr als genug habe, um meine Familie zu ernähren.«

Als er so zufrieden vor sich hin fuhr, sah er von weitem einen zerlumpten Mann kommen. Man sah ihm an, dass er arm war und nichts hatte. Der Mann winkte, damit der Bauer anhielt. »Was willst du?«, fragte der nicht eben freundlich, weil dieser zerlumpte Mann nicht in seine Stimmung passte. »Gib mir bitte etwas von deinem Weizen, damit ich ihn mit nach Hause nehmen kann und wir Brot für meine Familie backen können!« Der Bauer sah auf seinen Wagen und wollte eigentlich nichts abgeben. Also nahm er ein einziges winzig kleines Korn, gab es dem Mann und sagte: »Hier hast du ein Korn. Du kannst es einpflanzen, dann werden immer mehr davon.« Der arme Mann aber sagte: »Weil du von deinem Reichtum abgegeben hast, will ich dich belohnen.« Der arme Mann gab ihm das Korn zurück.

Da erkannte der Bauer, dass ihm in dem armen Mann Gott selbst begegnet war. Er nahm das Korn und schaute es an. Es glänzte hell in seiner Hand, denn es war zu reinem Gold geworden. Er schaute auf, aber der arme Mann war verschwunden. Da ärgerte sich der Bauer sehr über seinen Geiz und schüttelte im Großhandel den Kopf über die paar Euro, die er für seinen Weizen bekommen hatte. Wie reich hätte er doch heute werden können und wie viel Gutes hätte er mit seinem Reichtum tun können, wenn er nicht so geizig gewesen wäre!

Nach Erwin Neu

Das kleine Korn in unserer Hand

T: Nach Wilhelm Willms, M: Peter Janssens

A 6

Die Geschichte vom Hamster

Einmal hat ein Hamster ein Feld mit vielen guten Körnern gefunden. Er hat sich die Backentaschen vollgestopft und ist zu seinem Bau gelaufen und hat die Körner in seiner Vorratskammer ausgespuckt. So ist er zehnmal hin- und hergelaufen, dann war die Vorratskammer voll und der Hamster war müde. Aber er hat gedacht: »Eine Vorratskammer voll Körner ist gut, aber zwei sind besser.« Schnell hat er eine neue Vorratskammer gegraben und ist wieder hin- und hergelaufen und hat Körner und Körner herangeschleppt. Dann war auch die andere Vorratskammer voll, und der Hamster war so müde, dass er kaum noch laufen konnte. Aber er hat gedacht: »Zwei Vorratskammern voll Körner sind sehr gut, aber drei sind bestimmt noch besser!« Er hat also wieder eine Vorratskammer gegraben und noch mehr und noch mehr Körner geholt. Als dann die dritte Vorratskammer voll war, haben immer noch viele Körner auf dem Feld gelegen. Der Hamster wollte sie alle haben.

Jetzt konnte er aber nicht mehr graben, er war zu müde. Er hat die letzten Körner einfach in seine Schlafkammer getragen. Aber auf einmal war es Winter, und alle Hamster sind in ihren Bau gekrochen und haben geschlafen. Nur der eine Hamster konnte nicht schlafen. Bis zum Hals hat er in seinen Körnern gesessen.

Ursula Wölfel

Der Hamster hatte zu viele Körner gesammelt. Er hatte keinen Platz mehr zum Schlafen. Gibt es auch andere Dinge, von denen du und die Menschen um dich herum »zu viel haben«, sodass sie keine Ruhe mehr finden können? Schreibe sie auf:

_____
_____
_____
_____
_____
_____
_____
_____
_____
_____
_____

A 7

Das Weizenkorn muss sterben

Ein Weizenkorn versteckte sich in der Scheune.
Es wollte nicht gesät werden.
Es wollte nicht sterben.
Es wollte sich nicht opfern.
Es wollte sein Leben retten.

Es wurde nie zu Brot.
Es kam nie auf den Tisch.
Es wurde nie gesegnet und ausgeteilt.
Es schenkte nie Leben.
Es schenkte nie Freude.

Eines Tages kam der Bauer.
Mit dem Staub der Scheune fegte er das Weizenkorn weg.

Josef Dalkmann

Schriftlesung

Jesus sagte zu seinen Freunden: Die Stunde ist gekommen, dass ich sterben muss. Amen, amen, ich sage euch: Wenn das Weizenkorn nicht in die Erde fällt und stirbt, bleibt es allein; wenn es aber stirbt, bringt es reiche Frucht. Wer an seinem Leben hängt, verliert es; wer aber sein Leben in dieser Welt gering achtet, wird es bewahren bis ins ewige Leben.
Wenn einer mir dienen will, folge er mir nach; und wo ich bin, dort wird auch mein Diener sein. Wenn einer mir dient, wird der Vater ihn ehren.
Jetzt bin ich traurig. Was soll ich sagen: Vater, rette mich aus dieser Stunde? Aber meine Aufgabe ist es, die Menschen von allem Bösen zu erlösen.
Und wenn ich am Kreuz erhöht bin, werde ich zu meinem Vater gehen. Dorthin werdet ihr eines Tages auch kommen. Das sagte er, um anzudeuten, wie er sterben würde.

Nach Johannes 12,20–33

Das Weizenkorn muss sterben

1. Das Weizenkorn muss sterben, sonst bleibt es ja allein; der eine lebt vom andern, für sich kann keiner sein. A 1.-4. Geheimnis des Glaubens: im Tod ist das Leben.

2. So gab der Herr sein Leben,
   verschenkte sich wie Brot.
   Wer dieses Brot genommen,
   verkündet seinen Tod.

3. Wer dies Geheimnis feiert,
   soll selber sein wie Brot;
   so lässt er sich verzehren
   von aller Menschennot.

4. Als Brot für viele Menschen
   hat uns der Herr erwählt;
   wir leben füreinander,
   und nur die Liebe zählt.

T: Lothar Zenetti, M: Johann Lauermann

A 8

Die beiden Brüder

Zwei Brüder wohnten einst auf dem Berg Morija. Der Jüngere war verheiratet und hatte Kinder, der Ältere war unverheiratet und allein. Die beiden Brüder arbeiteten zusammen, sie pflügten das Feld zusammen und streuten zusammen den Samen aus. Zur Zeit der Ernte brachten sie das Getreide ein und teilten die Garben in zwei gleich große Stöße, für jeden einen Stoß Garben. Als es Nacht geworden war, legte sich jeder der beiden Brüder bei seinen Garben nieder, um zu schlafen. Der Ältere aber konnte keine Ruhe finden und sprach in seinem Herzen: »Mein Bruder hat eine Familie, ich dagegen bin allein und ohne Kinder, und doch habe ich gleich viele Garben genommen wie er. Das ist nicht recht.« Er stand auf, nahm von seinen Garben und schichtete sie heimlich und leise zu den Garben seines Bruders. Dann legte er sich wieder hin und schlief ein.

In der gleichen Nacht nun, geraume Zeit später, erwachte der Jüngere. Auch er musste an seinen Bruder denken und sprach in seinem Herzen: »Mein Bruder ist allein und hat keine Kinder. Wer wird in seinen alten Tagen für ihn sorgen?« Und er stand auf, nahm von seinen Garben und trug sie heimlich und leise hinüber zum Stoß des Älteren.

Als es Tag wurde, erhoben sich die beiden Brüder, und wie war jeder erstaunt, dass ihre Garbenstöße die gleichen waren wie am Abend zuvor. Aber keiner sagte dem anderen ein Wort. In der zweiten Nacht wartete jeder ein Weilchen, bis er den anderen schlafend wähnte. Dann erhoben sie sich, und jeder nahm von seinen Garben, um sie zum Stoß des anderen zu tragen. Auf halbem Weg trafen sie plötzlich aufeinander, und jeder erkannte, wie gut es der andere mit ihm meinte. Da ließen sie ihre Garben fallen und umarmten einander in herzlicher brüderlicher Liebe. Gott im Himmel aber schaute auf sie hernieder und sprach: »Heilig, heilig sei mir dieser Ort. Hier will ich unter den Menschen wohnen.«

Aus dem Hebräischen von J. Kerschensteiner

In der Geschichte sagt Gott: »Hier will ich unter den Menschen wohnen!« Schreibe auf, warum Gott das sagt:

_____
_____
_____
_____
_____

Kennst du Menschen, die ähnlich handeln wie die beiden Brüder? Schreibe es auf:

_____
_____
_____
_____
_____
_____
_____
_____

A 9

Der Traum des Pharao

Der Pharao schlief. Er träumte. Und was er träumte, das machte ihn unruhig:
An einem einzigen Weizenhalm wuchsen sieben Ähren, prall und schön. Nach ihnen wuchsen sieben kümmerliche, vom Ostwind ausgedörrte Ähren. Die kümmerlichen Ähren verschlangen die sieben prallen, vollen Ähren.
Da wachte der Pharao auf.

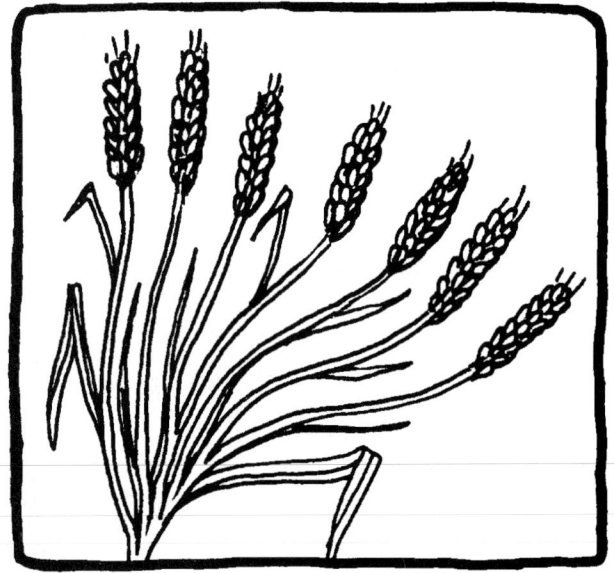

Er erinnerte sich an Josef, der Träume deuten konnte. Josef war im Gefängnis. Da schickte der Pharao hin und ließ Josef rufen. Man holte ihn schnell aus dem Gefängnis, machte ihn sauber und zog ihm ein reines Gewand an.
Der Pharao sagte zu Josef: Ich hatte einen Traum, doch keiner kann ihn deuten. Von dir habe ich aber gehört, dass du es kannst.
Josef antwortete dem Pharao: Nicht ich, sondern Gott wird die Deutung des Traumes geben.
Da sagte der Pharao zu Josef: In meinem Traum sah ich auf einem einzigen Halm sieben volle, schöne Ähren wachsen. Nach ihnen wuchsen sieben taube, kümmerliche, vom Ostwind ausgedörrte Ähren. Die kümmerlichen Ähren verschlangen die sieben schönen Ähren. Alle habe ich gefragt, aber bisher konnte mir keiner sagen, was dieser Traum bedeutet.
Darauf sagte Josef zum Pharao: Durch den Traum sagt Gott dem Pharao, was er vorhat. Die sieben schönen Ähren sind sieben Jahre, da wird großer Überfluss in ganz Ägypten sein. Nach ihnen aber werden sieben Jahre Hungersnot heraufziehen. Das sind die sieben leeren, vom Ostwind ausgedörrten Ähren.
Nun sehe sich der Pharao nach einem klugen, weisen Mann um und setze ihn über Ägypten. Alles Brotgetreide der kommenden guten Jahre soll gesammelt und in Kornspeichern gelagert werden. Das Getreide soll dem Land als Rücklage für die sieben Jahre der Hungersnot dienen, die über Ägypten kommen werden. Dann wird das Land nicht an Hunger zugrunde gehen.
Der Pharao tat, was Gott ihm durch Josef sagen ließ. So überstand das Land Ägypten die Hungersnot. Josef aber wurde vom Pharao belohnt und mächtig im Land.

Nach Genesis 41

A 10

Brot (Mandala)

A 11

Ein Brot erzählt aus seinem Leben

Geboren bin ich in einem Backofen. Es war so heiß darin, dass ich mich gar nicht mehr genau erinnern kann. Später habe ich dann andere Brote gesehen, die noch nicht gebacken waren. Die waren längst nicht so schön wie ich.

Entstanden bin ich aus ganz vielen Weizenkörnern. Die hatte der Bauer geerntet. Dann wurden sie zur Mühle gebracht und zu Mehl gemahlen. Das Mehl hat sich der Bäcker geholt und einen Teig daraus gemacht. Mit seinen geschickten Händen hat der Bäcker einen Brotlaib daraus geformt. Als es so weit war, war ich noch nicht fertig. Wir Brote sind ganz für die Menschen da. Es ist unsere ganze Freude, wenn sie uns essen und satt werden, wenn sie durch uns Freude haben. Nun können die Menschen den Brotteig nicht essen. Sie vertragen das nicht. Aber wenn wir im Ofen gebacken sind, dann sehen wir sehr schön knusprig und braun aus. Dann vertragen uns die Menschen und mögen uns sehr gern.

Als ich also fertig war, legte mich der Bäcker ins Schaufenster seines Ladens. Alle sollten sehen, wie schön ich bin, und sie sollten mich kaufen. Nach ein paar Stunden kam eine kleine Frau in den Laden. Sie hatte ein trauriges Gesicht und alte, abgetragene Kleider an. Sie zeigte auf mich und sagte: »Das Brot möchte ich haben!« Ich war sehr stolz, dass sie mich haben wollte, und dachte: »Vielleicht bekommt sie wieder ein frohes Gesicht, wenn sie mich isst und ich ihr gut schmecke.« Ich wanderte also in die Tasche.

Bei der Frau zu Hause angekommen, sah ich dann, warum sie so traurig war. Sieben Kinder erwarteten sie schon sehnsüchtig. Ein kleiner Junge weinte, weil die Mutter so lange weggeblieben war, wo er doch so großen Hunger hatte. Aber auch die anderen hatten sie schon ungeduldig erwartet. Der Vater saß in der Ecke und starrte unglücklich vor sich hin. Vor drei Wochen hatte er seinen Arbeitsplatz verloren. Seitdem war es schwer geworden, jeden Tag Brot auf den Tisch zu bringen.

Die Mutter nahm mich aus der Tasche und legte mich mitten auf den Tisch. War das eine Freude bei den Kindern! Und auch der Vater rückte mit an den Tisch. Ich wurde zerschnitten, und jeder bekam etwas zu essen. Als alle anfingen zu essen, da fingen sie auch an, wieder fröhlich zu sein, sie erzählten sich, was sie erlebt hatten. Aller Streit von vorher war vergessen. Wenn Menschen Hunger und Sorgen haben, streiten sie leicht miteinander. Dann halten sie nicht zusammen. Dann gibt es nur böse und mürrische Worte.

Wenn dieses Abendessen zu Ende sein wird, dann wird es mich – das Brot – nicht mehr geben. Aber weil ich da bin, werden diese Menschen satt, werden sie freundlich zueinander, wissen sie wieder, dass sie zusammengehören. Sie fassen wieder neuen Mut. Sie wissen jetzt: Wenn wir zusammenhalten, dann schaffen wir es. Das Brot hier auf unserem Tisch, das wir unter uns geteilt haben, hat uns das heute gezeigt.

Gewiss, ich werde als Brot bald nicht mehr sein. Aber wisst ihr: Es macht mich ganz froh, wenn ich erlebe, dass Menschen durch mich wieder lachen können, dass sie wieder Freude und Mut haben!

Was bewirkt das Brot in der Geschichte?

A 12

Brot ist heilig

Ein kleines Brot in unserer Hand,
gewachsen als Ähren auf dem Feld,
verarbeitet zu Mehl und Brot.

Brot – uns zur Speise gegeben
Brot – das satt macht und uns nährt
Brot – das viele entbehren müssen
Brot – das wir teilen können
Brot – das wir gemeinsam essen
Brot – das uns verbindet.

Das kleine Brot in unserer Hand
ist Zeichen für uns zum Leben
und auch zum Weitergeben.

Elsbeth Bihler

Brot ist heilig

ich habe einmal in einer deutschen großstadt
mitten im samstagmorgeneinkaufsrummel
einen inder gesehen
der ging vor mir
plötzlich bückt er sich
hebt etwas auf
bleibt stehen
nimmt ein schneeweißes
taschentuch aus der tasche
und was hat er aufgehoben
eine zertretene schmutzige schnitte brot
weißbrot
ich bleibe stehen
er sieht mich an
während er das brot einwickelt und sagt:
in meiner heimat
ist brot heilig

Wilhelm Willms

Brot, das den Hunger stillt

Nachher gingen wir ins Haus. Nonnos Großmutter fragte uns, ob wir Hunger hätten. Und wir hatten Hunger. Deshalb holte sie einen Laib Brot hervor, schnitt davon dicke Scheiben herunter und gab sie uns. Es war braunes, knuspriges Brot, und es war so gutes Brot, wie ich es noch nie in meinem Leben gegessen hatte.
»Oh, wie schmeckt es gut«, sagte ich zu Nonno. »Was ist das für Brot?«
»Ich weiß es nicht, ob es besonderes Brot ist«, sagte Nonno. »Wir nennen es das Brot, das Hunger stillt.«

Astrid Lindgren

Danke für das Brot

T: Rolf Krenzer, M: Peter Janssens

A 13

Der Wert eines Brotes

Ein englischer Journalist machte einmal einen Test. Er kaufte ein Brot, das drei Pfund wog, und stellte sich damit an belebte Straßenecken verschiedener Städte. Allen, die vorbeikamen rief er zu: »Ich gebe euch dieses Brot zum Lohn, wenn ihr eine Stunde dafür arbeitet!

Zuerst fuhr er nach Hamburg. Die Ersten, die er ansprach, zeigten ihm einen Vogel, dann wurde er ausgelacht. Nur für ein Brot wollte kein Mensch arbeiten.

Dann fuhr er nach Amerika, nach New York. Nicht lange stand er hier an der Ecke, dann wurde er wegen Belästigung der Passanten von der Polizei festgenommen.

Von Amerika flog er nach Afrika, in das Land Nigeria. Hier versammelten sich einige um ihn, die dieses Brot gerne gehabt hätten. Viele davon waren bereit, dafür drei Stunden zu arbeiten.

Dann fuhr der Journalist nach Indien. Kaum stand er an der Straßenecke und hatte seine Botschaft verkündet, da standen schon hundert Menschen in der Schlange, die bereit waren, für dieses Brot einen ganzen Tag lang zu arbeiten.

Das Brot, aus der Erde gewonnen

2. Das Brot des Krieges und des Friedens,
   das täglich gleiche Brot,
   das fremde Brot einer Liebe,
   das steinerne Brot vom Tod.

3. Das Brot, das wir essen müssen,
   das Brot, das zum Leben uns dient,
   wir teilen es miteinander,
   solange es Menschen gibt.

4. Das Brot, das wir teuer verdienen,
   das Geld, unser Leib und Genuss,
   das Brot des Zusammenlebens,
   der ärmliche Überfluss.

5. Du teilst es mit uns und so teilst du
   dich selber für alle Zeit,
   ein Gott von Fleisch und von Blut,
   Du, ein Mensch, dem wir ewig geweiht.

T: Rolf Krenzer, M: Ludger Edelkötter

Wie viele Stunden wollten die Menschen für das Brot arbeiten? Warum war das so in:

Hamburg	Amerika	Afrika	Indien

A 14

Die Waage des Königs

Ein junger Mann wollte unbedingt von zu Hause fort, um die Welt kennen zu lernen. »Geh nur«, sagte die Mutter, »Geld habe ich nicht, aber ein Stück Brot will ich dir mitgeben. Solange du es mit anderen teilst, wird es nicht ausgehen.«

Er ging los, aß von dem Brot, wenn er Hunger hatte, und teilte es mit denen, die er traf. Und richtig: Das Brot ging nicht zu Ende.

Eines Tages kam er in die große Stadt eines mächtigen Königs. Der wollte seine wunderschöne Tochter nur dem zur Frau geben, der noch reicher und mächtiger war als er. Auf dem Marktplatz hatte er eine riesengroße Waage aufgestellt: In einer Waagschale lagen alle seine Schätze. Wer seine Tochter zur Frau haben wollte, sollte seine Schätze in die andere Waagschale legen.

Könige aus aller Welt kamen mit all ihrem Reichtum, aber keiner vermochte die Schale herunterzudrücken. Die Prinzessin fürchtete schon, immer allein leben zu müssen.

Einmal ging sie traurig und enttäuscht am Ufer des Flusses entlang, als sie den jungen Mann traf, der gerade sein Brot aß. Er lud sie zum Essen ein. Sie nahm das Brot an und aß und konnte wieder froh sein. Gestärkt ging sie nach Hause.

Am nächsten Tag kam der junge Mann an der riesigen Waage des Königs vorbei. Wieder waren Könige dabei, die Schalen mit ihren Schätzen niederzudrücken. Vergebens. Er erkannte in der Prinzessin das Mädchen, mit dem er sein Brot geteilt hatte. Da trat er vor den König und sagte: »Gib mir deine Tochter! Ich lege meinen ganzen Reichtum, dieses Stück Brot, in die Waagschale.«

Da lachten ihn alle aus, der König wurde sogar zornig. Aber die Prinzessin bat ihn, es zuzulassen. Da legte der junge Mann sein Brot in die leere Schale: Die Waage begann sich zu neigen und sank langsam nach unten.

Niemand konnte das verstehen. Der König aber hielt sein Versprechen. Die beiden wurden sehr glücklich, und die Menschen in ihrem Land hatten immer Brot.

Nach Willi Bruners

A 15

Brot vom Himmel

Das Volk der Israeliten wanderte mit Mose durch die Wüste. Mose hat sie aus der Gefangenschaft in Ägypten herausgeführt, wo die Israeliten als Sklaven arbeiten mussten. Jetzt waren sie schon lange unterwegs. Sie waren hungrig, durstig und müde. Sie begannen auf Mose und Aaron zu schimpfen. Die Israeliten sagten zu ihnen: Wären wir doch in Ägypten gestorben, als wir an den Fleischtöpfen saßen und Brot genug zu essen hatten. Ihr habt uns nur deshalb in diese Wüste geführt, um alle, die hier versammelt sind, an Hunger sterben zu lassen.

Da sprach Gott, der Herr, zu Mose: Ich will euch Brot vom Himmel regnen lassen. Das Volk soll hinausgehen, um seinen täglichen Bedarf zu sammeln. Ich will es prüfen, ob es nach meiner Weisung lebt oder nicht. Wenn sie am sechsten Tag feststellen, was sie zusammengebracht haben, wird es doppelt so viel sein, wie sie sonst täglich gesammelt haben.

Da sagten Mose und Aaron zu allen Israeliten: Heute Abend sollt ihr erfahren, dass der Herr euch aus Ägypten geführt hat, und morgen werdet ihr die Herrlichkeit des Herrn schauen; denn er hat euer Murren gegen ihn gehört.

Dann sagte Mose zu Aaron: Sag der ganzen Gemeinde der Israeliten: Tretet hin vor den Herrn, denn er hat euer Murren gehört. Während Aaron zur ganzen Gemeinde der Israeliten sprach, wandten sie sich zur Wüste hin. Da erschien plötzlich in der Wolke die Herrlichkeit des Herrn.

Gott sprach zu Mose: Ich habe das Murren der Israeliten gehört. Sag ihnen: Am Abend werdet ihr Fleisch zu essen haben, am Morgen werdet ihr satt sein von Brot, und ihr werdet erkennen, dass ich der Herr, euer Gott bin.

Am Abend kamen die Wachteln und bedeckten das Lager. Am Morgen lag eine Schicht von Tau rings um das Lager. Als sich die Tauschicht gehoben hatte, lag auf dem Wüstenboden etwas Feines, Knuspriges, fein wie Reif, auf der Erde.

Als das die Israeliten sahen, sagten sie zueinander: Was ist das? Denn sie wussten nicht, was es war. Da sagte Mose zu ihnen: Das ist das Brot, das der Herr euch zu essen gibt.

Nach Exodus 16, 2–4.12–15

A 16

Eine Brotlandschaft

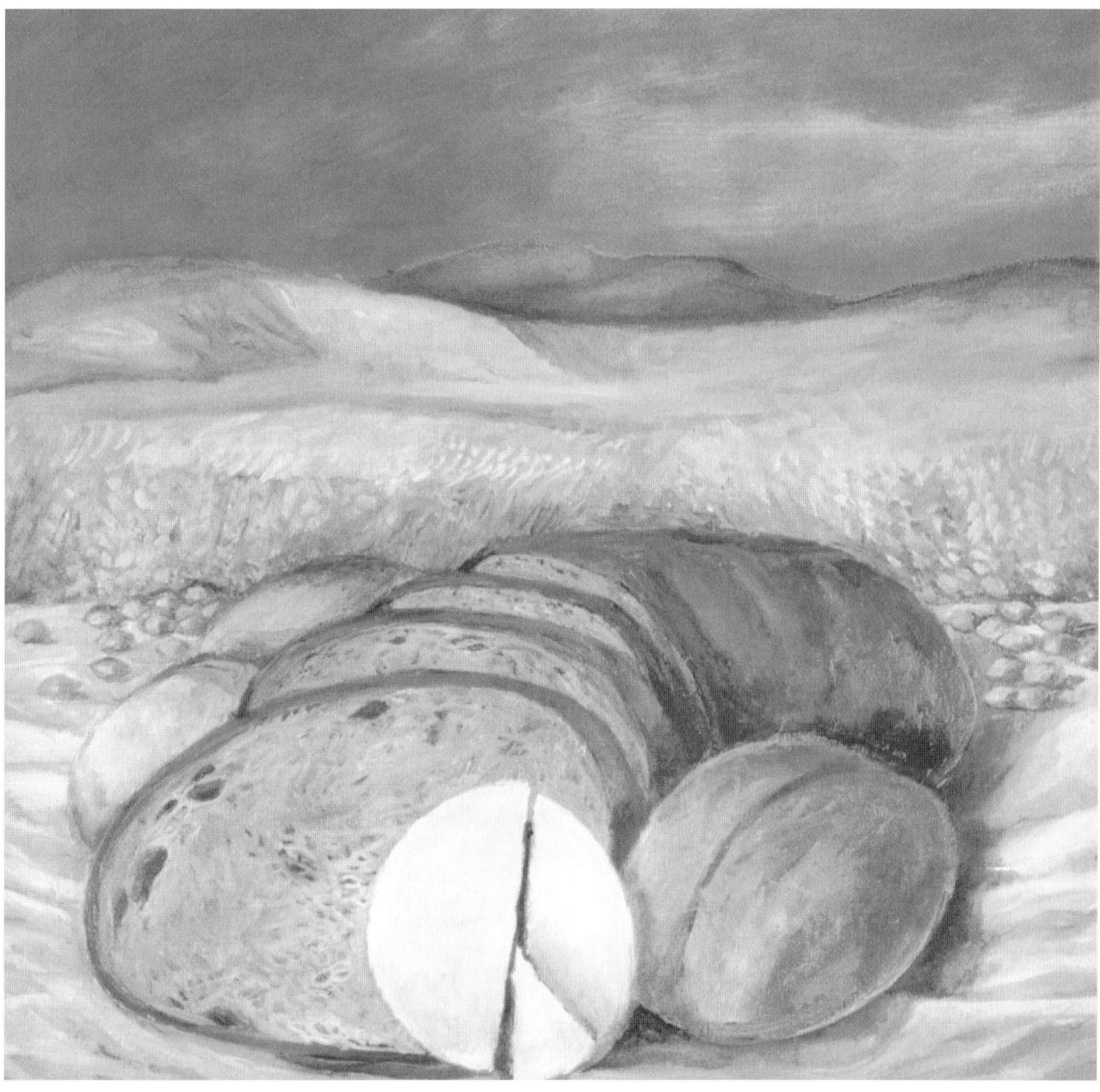

Sieger Köder, Brotrede

Schreibe auf, in welcher Form Brot auf dem Bild zu sehen ist. Welche Brotsorten sind abgebildet?

_____

_____

_____

_____

Welche Brotsorten kennst du?

_____

_____

_____

_____

A 17

Das Brot des Glücks

Es lebte einmal ein alter und weiser König. Er hatte all die Jahre seines Lebens hindurch sein Volk mit Liebe und Weisheit regiert. Nun fühlte er, dass seine Zeit gekommen war, und er dachte voller Sorge an das, was nach seinem Tod mit seinem Volk und Land geschehen sollte. Da rief er seinen Sohn zu sich, den einzigen, und sprach zu ihm: »Mein Sohn, meine Tage sind gezählt! Geh du deshalb in die Welt hinaus und suche das Brot des Glücks, denn nur wenn du deinen Untertanen das Brot des Glücks geben kannst, werden sie satt werden, und du wirst ein guter König sein.«

So ging der Prinz in die Welt hinaus und suchte das Brot des Glücks. Aber in welche Backstube er auch schaute, in welchem Laden er auch nachfragte, niemand kannte das Brot des Glücks. Der Prinz war verzweifelt. Niemand wusste von dem Brot des Glücks, niemand hatte auf seine Frage eine Antwort.

Als er in seiner Angst und Sorge da saß, kam ein Kind des Weges und schaute ihn an: »Du hast Hunger«, sprach es und reichte ihm ein Stück Brot. »Da, nimm, ich habe nicht mehr, aber mit dir will ich teilen.« Der Prinz nahm das Brot und sogleich verschwand seine Not, als sei sie nie da gewesen. »Das Brot des Glücks!«, rief er. »Du hast das Brot des Glücks. Schnell, gib mir mehr davon! Wo hast du es her?« »Das ist das Brot, das meine Mutter heute Morgen gebacken hat. Sie gab es mir, damit ich keinen Hunger zu leiden brauche. Du hattest Hunger, und so teilte ich mir dir.« »Das ist alles?«, fragte der Prinz. »Ist es kein besonderes Brot?« »Nein, es ist wie jedes andere Brot, aber weil es zwischen dir und mir geteilt wurde, ist es für dich das Brot des Glücks geworden.«

Da erkannte der Prinz, wo das Brot des Glücks für alle Zeit zu finden war. Er kehrte zu seinem Vater zurück und erzählte ihm, wie er das Brot des Glücks gefunden und wie es ihm geholfen hatte, mit seiner Verzweiflung fertig zu werden. Von da an wusste der Vater, dass der Prinz, genau wie er selbst, das Reich mit Liebe und Weisheit regieren würde, alle Tage seines Lebens.

Stefanie Spendel

Male in die Kästchen, wie der alte König mit dem Prinzen redet, wie er in die Bäckereien geht, wie er mit dem Kind das Brot teilt.

Der Prinz erkannte, wo das Brot des Glücks für alle Zeit zu finden war. Weißt du es auch?

A 18

Die Brote von Stein

Da ist einmal eine sehr arme Frau gewesen, die hatte drei Kinder. Und eine sehr reiche Frau, die hatte auch drei Kinder. Die reiche Frau war so geizig, nie hat sie der Armen etwas abgeben wollen. Nun hatte die arme Frau wieder einmal kein Brot für ihre drei Kinder. Und die Kinder hatten so großen Hunger. Da ist die arme Frau zu der Reichen gegangen und hat gesagt: »Bitte, gib mir doch ein Brot für meine armen Kinder! Die hungern gar so sehr!« »Ich habe selber kein Brot«, sagte die reiche Frau, »wie soll ich dir dann etwas geben?« »Ach«, sagte die Arme, »du bist doch so reich. Gewiss hast du ein bisschen Brot im Schrank.« »Nein«, sagte die Reiche, »wenn ich auch bloß ein Stückchen habe, dann soll Gott es mir in Stein verwandeln!« Da ist die arme Frau weggegangen und hat geweint. Und die reiche Frau sagte zu ihren Kindern: »So, jetzt will ich euch mal ein feines Butterbrot machen.« Und sie ging an den Schrank und wollte ein Brot herausholen. Aber da sind alle Brote im Schrank Steine gewesen. »Das schadet nichts«, sagte die reiche Frau. Sie gab den Kindern Geld und einen Korb und sagte: »Geht zum Bäcker, Kinder, und holt drei neue Brote!« Da sind die Kinder gegangen, aber es hat sehr lange gedauert, bis sie wiedergekommen sind. »Warum seid ihr so lange geblieben?«, fragte die reiche Frau. »Mutter«, sagten die Kinder, »der Korb mit den Broten war so entsetzlich schwer.« Da machte die reiche Frau den Korb auf – ja, und da waren auch diese Brote in Stein verwandelt. Da ist sie erschrocken. Gleich ist sie zum Bäcker gelaufen und hat Brot und Kuchen gekauft für die arme Frau. Und Mehl und Fleisch und Butter hat sie ihr auch mitgebracht. »Frau«, sagte sie, »jetzt will ich nie mehr geizig sein! All mein Brot hat Gott in Stein verwandelt. Wenn es doch nur wieder Brot würde, das meine Kinder essen könnten!« Und dann ist sie nach Hause gegangen, die reiche Frau. Und siehe da, alle Steine sind wieder Brot gewesen. Und nun ist die Frau gut zu den armen Leuten gewesen.

Wilhelm Matthießen

Schreibe oder male hier hinein alle deine Spielsachen (auch die, die irgendwo in der Ecke liegen und die du längst vergessen hast):

Schreibe oder male hier hinein, welche Spielsachen du abgeben kannst, damit sich andere Kinder darüber freuen können:

Symbolkreis Brot

A 19

Steine und Brot

Auf dieser Seite seht ihr Steine und Brot.
Brot bedeutet Essen,
Nahrung für uns Menschen.
Wir schauen dieses Brot an.
Wir stellen uns vor:
Es ist knusprig braun.
Es riecht gut.
Es macht Appetit.

Überlege einmal:
Wann hast du zuletzt ein Brot gegessen?
Was isst du überhaupt am liebsten?
Hast du schon einmal Hunger gehabt?
So richtigen Hunger, nicht nur Appetit?
Wenn man Hunger hat,
kann man sich die köstlichsten
Gerichte vorstellen.

So ging es auch Jesus, als er in der Wüste war.
Jesus hatte Hunger.
Großen Hunger.
Da kam der Versucher und sagte:
Du bist doch Gottes Sohn!
Du kannst doch aus einem Stein Brot machen!
Tu es doch, und dein Hunger ist weg!
Aber Jesus wusste:
Es gibt Augenblicke, da muss man verzichten.
Er sagte: Es gibt Wichtigeres als Brot.

Überlege einmal still für dich, was wichtiger sein
kann als Brot.
Schreibe um die Steine herum, was dir einfällt,
wenn du an »Steine« denkst
Schreibe um das Brot herum, was dir einfällt,
wenn du an »Brot« denkst.

A 20

Brotvermehrung

Danach ging Jesus an das andere Ufer des Sees von Galiläa, der auch See von Tiberias heißt. Eine große Menschenmenge folgte ihm, weil sie sahen, wie viele Kranke er heilte. Jesus stieg auf den Berg und setzte sich dort mit seinen Jüngern nieder.

Als Jesus sah, dass so viele Menschen zu ihm kamen, fragte er Philippus: Wo sollen wir Brot kaufen, damit diese Leute zu essen haben? Brot für zweihundert Dinare reicht nicht aus, wenn jeder von ihnen auch nur ein kleines Stück bekommen soll.

Einer seiner Jünger, Andreas, der Bruder des Simon Petrus, sagte zu ihm: Hier ist ein kleiner Junge, der hat fünf Gerstenbrote und zwei Fische; doch was ist das für so viele!

Jesus sagte: Lasst die Leute sich setzen! Es gab dort nämlich viel Gras. Da setzten sie sich; es waren etwa fünftausend Männer.

Dann nahm Jesus die Brote, sprach das Dankgebet und teilte an die Leute aus, so viel sie wollten; ebenso machte er es mit den Fischen.

Als die Menge satt war, sagte er zu seinen Jüngern: Sammelt die übrig gebliebenen Brotstücke, damit nichts verdirbt. Sie sammelten und füllten zwölf Körbe mit den Stücken, die von den fünf Gerstenbroten nach dem Essen übrig waren.

Als die Menschen das Zeichen sahen, das er getan hatte, sagten sie: Das ist wirklich der Prophet, der in die Welt kommen soll.

Nach Johannes 6,1–15

Als Jesus in der Wüste war

2. Und als der große Hunger kam,
   sprach Jesus: Ihr müsst teilen.
   Da teilten Frau und Kind und Mann,
   da teilt der kleine Jonathan.
   Da teilten Frau und Kind und Mann,
   und viele, viele Kinder.

3. Und Jesus segnet Fisch und Brot
   und sagt: Kommt her und esset.
   Da aßen Frau und Kind und Mann,
   da aß der kleine Jonathan.
   Da aßen Frau und Kind und Mann,
   und viele, viele Kinder.

4. Und alle Menschen wurden satt,
   die dort bei Jesus saßen.
   Satt wurden Frau und Kind und Mann,
   satt war der kleine Jonathan.
   Satt wurden Frau und Kind und Mann,
   und viele, viele Kinder.

5. Denn Brot, das man mit andern teilt,
   wird wunderbar sich mehren.
   Es dankten Frau und Kind und Mann,
   es dankt der kleine Jonathan.
   Es dankten Frau und Kind und Mann,
   und viele, viele Kinder.

T: R. O. Wiemer, M: Ludger Edelkötter

A 21

Brot und Rosen

Elisabeth war eine ungarische Königstochter. Sie war erst vier Jahre alt, als sie von zu Hause weggebracht wurde und nach Deutschland kam. Ihre Eltern hatten sie mit dem Landgrafen von Thüringen verlobt. Sie wuchs auf der Wartburg heran und heiratete mit 13 Jahren den Grafen Ludwig. Sie bekam drei Kinder. Als Gräfin gehörte sie zu den Reichen im Land. Elisabeth war sehr fromm. Ihr gefiel es nicht, dass die Menschen auf der Burg alles hatten, was sie sich nur wünschen konnten, die Armen und Kranken im Dorf aber leiden mussten. So kümmerte sie sich liebevoll um sie. Sie pflegte Kranke und brachte den hungernden Menschen zu essen. Die Menschen auf der Burg schimpften über sie, weil sie es nicht richtig fanden, dass eine Gräfin sich mit den Armen abgab und vieles verschenkte. Ihr Mann Ludwig beschützte sie.

Eines Tages, ihr Mann war gerade fortgeritten, machte Elisabeth sich mit ihrer Dienerin auf ins Dorf. Jede von ihnen trug einen Korb voll Brot, das mit einem Tuch zugedeckt war. Sie wollten das Brot unter den Armen verteilen. Da hörten sie hinter sich Pferdegetrappel. Elisabeth erschrak. Die Soldaten des Grafen verfolgten sie. Der Hauptmann überholte sie und hielt sein Pferd vor ihr an. Streng schaute er sie an und sagte: »Du gehst ja schon wieder zu dem Lumpengesindel ins Dorf! Der Graf hat es dir verboten. Zeige mir, was du in deinem Korb hast!« Da stieg Elisabeth der Duft von Rosen in die Nase und sie sagte: »Es sind Rosen darin!« Sie schlug das Tuch zurück, und tatsächlich: Der Korb war voller Rosen, die einen schönen Duft verbreiteten. Der Hauptmann warf ihr noch einen bösen Blick zu und ritt mit seinen Soldaten auf die Burg zurück. Elisabeth schaute ihre Dienerin an. »Wo ist das Brot?« »Hier, Herrin«, sagte diese, »ich dachte, die Armen würden sich über Brot und Rosen freuen.« Da lächelte Elisabeth und sagte: »Ja, du hast Recht und du hast uns mit deiner Tat gerettet.« Sie gingen weiter ins Dorf und verteilten unter die armen Menschen Brot und Rosen. Die nahmen beides dankbar und mit leuchtenden Augen an.

Wenn das Brot, das wir teilen

Wenn das Brot, das wir teilen, als Rose blüht und das Wort, das wir sprechen, als Lied erklingt, dann hat Gott unter uns schon sein Haus gebaut, dann wohnt er schon in unserer Welt. Ja, dann schauen wir heut schon sein Angesicht in der Liebe, die alles umfängt, in der Liebe, die alles umfängt.

T: Claus-Peter März, M: Kurt Grahl

A 22

Unser täglich Brot

Es ist früh, wie jeden Morgen.
Kinder streiten sich mit Hunden um Mülltonnen.
Alles wird durchgewühlt,
rein und raus, Speisereste aus dem Müll.
Eine Hundewelt ohne Herz.
Das ist die Art und Weise, die Gott gefunden hat,
das Gebet dieser armen hungrigen Kinder:
»Unser tägliches Brot gib uns heute«
aufzunehmen.
An diesem Tag, nein,
in dieser Woche
war das Brot auf unserem Tisch
nicht mehr das alte.
Bitter war das Brot,
voller Lästerungen der Armen,
die für Gott Bitten sind.
Und erst dann wurde es süß und gut,
als es geteilt wurde
mit den hungernden
Kindern und Hunden.

Leonardo Boff

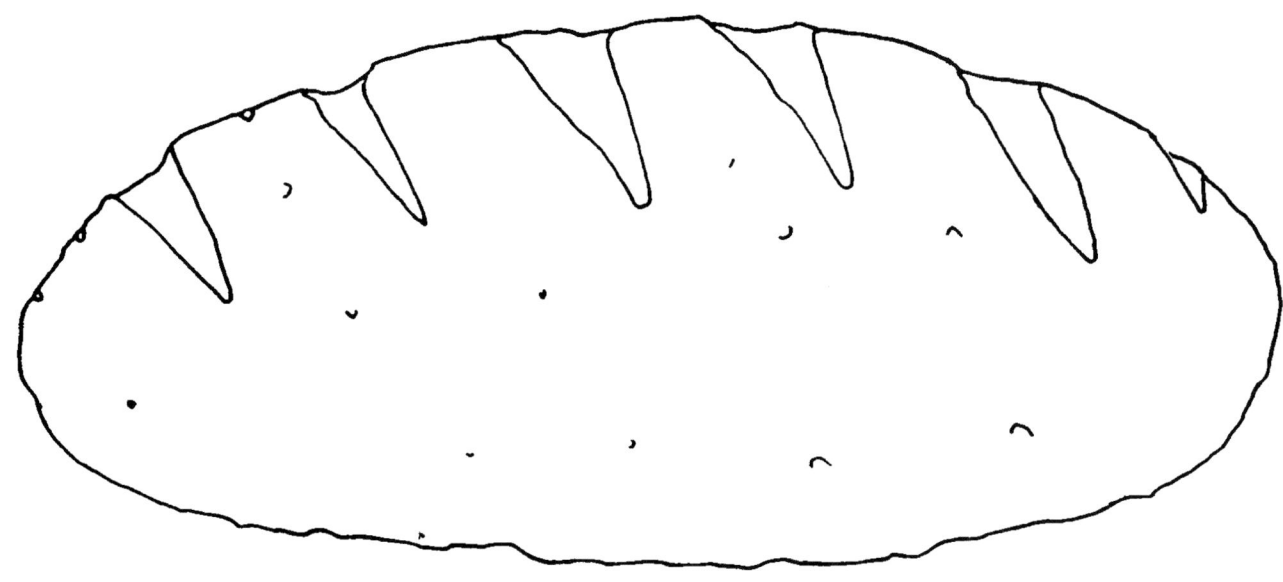

Immer, wenn wir das »Vaterunser« beten, sprechen wir: »Unser tägliches Brot gib uns heute«. Damit ist für uns, die wir genug zum Leben haben, nicht allein das gemeint, was wir täglich essen müssen. Es gibt noch andere Dinge, die wir notwendig zum Leben brauchen. Welche können das sein? Schreibe sie mit bunten Farben in das Brot hinein.

Symbolkreis Brot

A 23

Brot und Wein

28

A 24

Weinstock (Mandala)

A 25

Der Weinberg

Nach der Schule streife ich gerne bei uns durch die Felder. Einmal kam ich bis zu dem Weinberg, auf dessen Spitze ein großes Kreuz aufragt. Ich setzte mich auf eine Steinmauer und betrachtete die Weinstöcke, die krummgebogen aus der dunklen Erde wuchsen. Aus den knorrigen Stämmen sprossen die Triebe mit den kräftigen Reben, und aus den sich verzweigenden Ästen schoben sich die Traubenbündel hervor. In der warmen Sonne legte ich mich auf den Rücken und fühlte mich wohl.

Plötzlich weckte mich eine Stimme aus meinen Tagträumen. Neben mir stand ein hagerer Mann. Er sah freundlich aus. Er setzte sich zu mir auf die Mauer und fragte mich, ob ich Durst hätte.

Natürlich hatte ich Durst und er reichte mir eine Flasche. Ich nahm einen Schluck. Das Getränk schmeckte süß und schwer. Der Wein fuhr mir bis in die Fußzehen. »Der ist vom letzten Jahr«, sagte der Winzer. Und dann erzählte er mir die Geschichte seines Weinbergs:

Vor zwanzig Jahren hatte er hier mit den ersten Setzlingen angefangen. Damals war die Gegend ganz verwildert. Jedes Jahr musste er abgeschwemmte Erde wieder hinauftragen, die kleinen Mäuerchen als Winterschutzbefestigung neu

aufschichten, die Hecken setzen und beschneiden. Erde und Dünger musste er in einem Korb auf dem Rücken hinauftragen.

Wir schwiegen und sahen den Weinberg an. »Weißt du was«, sagte er plötzlich, »ich schenke dir einen Weinstock.« Wir wanderten durch die Rebzeilen und dann blieben wir vor einem kräftigen Weinstock stehen. »Den habe ich vor fünf Jahren gepflanzt«, sagte der Weinbauer. »In diesem Herbst wird er zum ersten Mal Trauben haben.« Er lächelte mir zu. »Die Natur liefert keinen fertigen Wein. Mehr als zwanzig Mal im Jahr musst du dich um deinen Weinstock mühen. Der Boden, den der Rebstock als Erdreich braucht, steht in deiner Verantwortung. Der Weinstock zieht daraus sein Leben. Du musst hacken, umwenden, düngen, ausschiefern und schlacken und im November die Reben gegen Frost abdecken.«

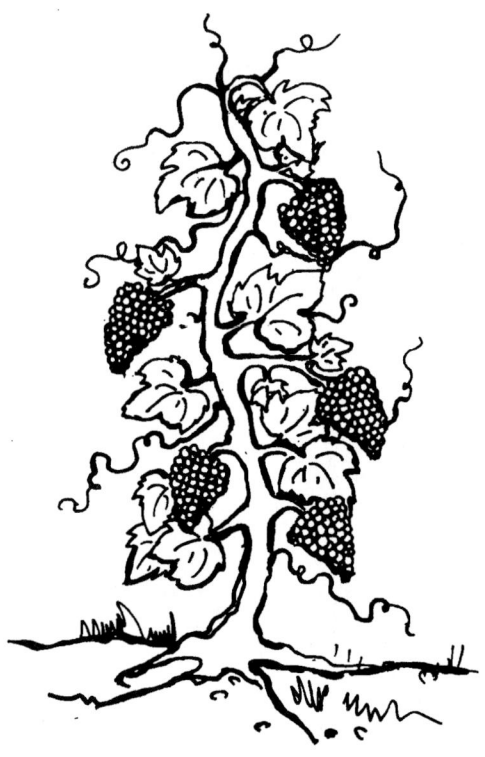

Von diesem Tag an gehörte der Weinstock mir. Ich bemühte mich um ihn und als die Erntezeit kam, hingen schwere Trauben daran, die in der Herbstsonne leuchteten. Ich pflückte sie und legte sie vorsichtig in einen Korb. Ich gab die Trauben zu den anderen. Mir blieb der Weinstock wichtig. Jetzt musste er seinen Wurzeln Ruhe gönnen, damit er Kraft speichern konnte für das nächste Jahr.

Immer, wenn ich dem Wein begegne, ob im Kelch, im Becher oder im Glas, denke ich an meinen Weinstock, an sein stetiges Wachsen und seine verwandelnde Kraft.

Nach Kurt Hock

A 26

Weinberge

In der Bibel wird oft von Weinbergen erzählt. Wein war den Menschen in Israel sehr wichtig für Feiern und besondere Anlässe. Der Weinberg war der Reichtum der Menschen und sie hegten und pflegten ihn. Deshalb vergleichen die Propheten das Volk Israel, das sich von Gott abwendet und dem Gott trotzdem die Treue hält, mit einem Weinberg, dessen Herr Gott selbst ist:

Ich will ein Lied singen von meinem geliebten Freund, ein Lied vom Weinberg meines Liebsten. Mein Freund hatte einen Weinberg auf einer fruchtbaren Höhe. Er grub ihn um und entfernte die Steine und bepflanzte ihn mit den edelsten Reben. Er baute mitten darin einen Turm und hieb eine Kelter darin aus. Dann hoffte er, dass der Weinberg süße Trauben brächte, doch er brachte nur saure Beeren.
Nun sprecht das Urteil, Jerusalems Bürger und ihr Männer von Juda, im Streit zwischen mir und dem Weinberg! Was konnte ich noch für meinen Weinberg tun, das ich nicht für ihn tat? Warum hoffte ich denn auf süße Trauben? Warum brachte er nur saure Beeren?
Jetzt aber will ich euch kundtun, was ich mit meinem Weinberg mache: Ich entferne seine schützende Hecke; so wird er zur Weide. Seine Mauer reiße ich ein; dann wird er zertrampelt. Zu Ödland will ich ihn machen. Man soll seine Reben nicht schneiden und soll ihn nicht hacken; Dornen und Disteln werden dort wuchern. Ich verbiete den Wolken, ihm Regen zu spenden.
Ja, der Weinberg des Herrn der Heere ist das Haus Israel, und die Männer von Juda sind die Reben, die er zu seiner Freude gepflanzt hat. Er hoffte auf Rechtsspruch – doch siehe da: Rechtsbruch, und auf Gerechtigkeit – doch siehe da: Der Rechtlose schreit.

Nach Jesaja 5,1–7

An jenem Tag gibt es einen prächtigen Weinberg. Besingt ihn in einem Lied!
Ich, der Herr, bin sein Wächter, immer wieder bewässere ich ihn.
Damit niemand ihm schadet, bewache ich ihn bei Tag und bei Nacht.
Ich habe jetzt keinen Zorn mehr. Fände ich Dornen und Disteln darin, ich würde sie alle bekämpfen, ich würde sie alle zusammen verbrennen, es sei denn, man sucht bei mir Schutz und schließt mit mir Frieden, ja Frieden mit mir.
In künftigen Tagen schlägt Jakob wieder Wurzel, Israel blüht und gedeiht, und der Erdkreis füllt sich mit Früchten.

Nach Jesaja 27,2–6

Schreibe auf die linke Seite neben das Bild, was im ersten Text mit dem Weinberg geschieht, und auf die rechte Seite, was im zweiten Text davon erzählt wird!

A 27

Die Arbeiter im Weinberg

Jesus erzählte seinen Freunden immer wieder vom Himmelreich, vom Reich Gottes. Er sagte zum Beispiel: Mit dem Himmelreich ist es wie mit einem Weinbauern, der früh am Morgen, so um 6 Uhr aus dem Haus ging. Er wollte Arbeiter für seinen Weinberg suchen. Menschen, die Arbeit suchten, gab es genug. Er fand einige und sagte: Ihr bekommt für die Arbeit an diesem Tag einen Denar. Das war ein Geldstück, das damals üblich war. Die Arbeiter gingen und arbeiteten im Weinberg.
Um 9 Uhr ging er wieder auf den Markt und sah andere dastehen, die keine Arbeit hatten. Er sagte zu ihnen: Geht auch ihr in meinen Weinberg! Ich werde euch geben, was recht ist. Und sie gingen.
Um 12 Uhr und um 15 Uhr ging der Gutsherr wieder auf den Markt und machte es ebenso.
Als er um 17 Uhr noch einmal hinging, traf er wieder einige, die dort herumstanden. Er sagte zu ihnen: Was steht ihr hier den ganzen Tag untätig herum? Sie antworteten: Niemand hat uns Arbeit gegeben. Da sagte er zu ihnen: Geht auch ihr in meinen Weinberg!
Als es Abend geworden war, sagte der Besitzer des Weinbergs zu seinem Verwalter: Ruf die Arbeiter und zahl ihnen den Lohn aus. Fang mit denen an, die zuletzt gekommen sind.
Da kamen die Männer, die er um 17 Uhr angeworben hatte, und jeder erhielt einen Denar.
Als dann die Ersten an der Reihe waren, dachten sie: Wir bekommen jetzt sicher mehr als die anderen. Aber auch sie erhielten nur einen Denar. Da schimpften sie und sagten: Das ist gemein! Das ist ungerecht. Wir haben viel mehr gearbeitet als die anderen!
Da sagte der Weinbauer: Mein Freund, dir geschieht kein Unrecht. Was haben wir für dich als Lohn vereinbart? Er antwortete: Einen Denar. Siehst du, sagte der Weinbauer, hier ist der vereinbarte Denar. Nimm dein Geld und geh! Wenn ich dem Letzten, der gekommen ist, so viel gebe wie dem Ersten, dann ist das meine Sache. Mit dem, was mir gehört, darf ich tun, was ich will. Oder bist du neidisch, weil ich zu anderen gütig bin?
So werden die Letzten die Ersten sein und die Ersten die Letzten.

Nach Matthäus 20,1–16a

A 28

Zwei Söhne

Jesus sagte zu seinen Freunden: Um in das Reich Gottes zu kommen, ist es wichtig, das zu tun, was Gott will. Hört zu:
Ein Mann hatte zwei Söhne. Er ging zum ersten und sagte: Mein Sohn, geh und arbeite heute im Weinberg! Er antwortete: Ja, ja, Vater, aber erst muss ich noch dies und das machen. Am Ende ging er gar nicht hin. Da bat der Vater den zweiten Sohn und sagte: Geh du doch bitte und sieh nach dem Weinberg! Der zweite Sohn antwortete: Ich habe keine Lust. Ich will nicht. Später tat es ihm Leid. Er nahm sein Arbeitsgerät, ging in den Weinberg und arbeitete dort.
Was meint ihr? Wer von den beiden hat den Willen seines Vaters erfüllt? Sie antworteten: Der zweite. Da sagte Jesus zu ihnen: Ihr habt richtig geantwortet. Und ich sage euch: Nicht die, die auf den ersten Blick sagen und tun, was Gott will, werden ins Himmelreich kommen, sondern nur die, die es von Herzen tun.

Nach Matthäus 21,28–32

Gott,
Ja sagen und dann doch nichts tun,
das machen wir oft.
Zu Hause – in der Schule –
unter Freunden und Freundinnen.
Damit enttäuschen wir andere immer wieder.

Gott,
Nein sagen wir vielleicht zu oft,
wenn uns jemand um einen Gefallen bittet.
Manchmal auch sagen wir nicht Nein,
sondern hoffen darauf,
dass sich zuerst ein anderer meldet,
der die Dinge übernimmt.

Gott,
du achtest nicht darauf,
ob wir Ja oder Nein sagen.
Du achtest auf das, was wir tatsächlich tun.
Nur das zählt.
Wir bitten dich:
Gib uns offene Ohren und ein waches Herz,
um deinen Willen zu tun.

Symbolkreis Trauben und Wein

A 29

Böse Winzer

Jesus sagte: Hört noch ein anderes Gleichnis: Es war ein Gutsbesitzer, der legte einen Weinberg an. Er zog ringsherum einen Zaun, er hob eine Kelter aus und baute einen Turm. Dann übergab er den Weinberg an andere, die ihn bearbeiten wollten, und reiste in ein anderes Land.

Als nun die Erntezeit kam, schickte er seine Knechte zu den Winzern, um seinen Anteil an den Früchten holen zu lassen. Die Winzer aber wollten nichts hergeben. Sie packten die Knechte. Sie verprügelten sie und töteten sogar einige.

Darauf schickte der Gutsbesitzer andere Knechte, mehr als das erste Mal; mit ihnen machten sie es genauso.

Zuletzt sandte er seinen Sohn zu ihnen, denn er dachte: Vor meinem Sohn werden sie Achtung haben.

Als die Winzer den Sohn sahen, sagten sie zueinander: Das ist der Erbe. Kommt, wir töten ihn, dann gehört alles uns! Und sie packten ihn, warfen ihn aus dem Weinberg hinaus und brachten ihn um.

Wenn nun der Besitzer des Weinbergs kommt: Was wird er mit solchen Winzern tun?

Sie sagten zu ihm: Er wird diese bösen Menschen bestrafen. Den Weinberg wird er anderen anvertrauen, die ehrlich sind und die ihm die Früchte abliefern, wenn es Zeit dafür ist.

Jesus antwortete: So ist es. Das Reich Gottes wird denen gegeben, die mit dem, was ihnen anvertraut ist, ehrlich umgehen.

Nach Matthäus 21,33–44

Warum handeln die Winzer so böse?

Wie sollte man handeln, damit das Reich Gottes Wirklichkeit wird?

A 30

Der Weinstock und die Reben

In diesem alten Gebet bezeichnet sich das Volk Israel selbst als Weinstock. Was wird über diesen Weinstock gesagt und wie könnte man es beschreiben, wenn man das auf das Volk Israel überträgt?

Du hobst in Ägypten einen Weinstock aus,
du hast Völker vertrieben, ihn aber eingepflanzt.
Du schufst ihm weiten Raum;
er hat Wurzeln geschlagen
und das ganze Land erfüllt.
Sein Schatten bedeckte die Berge,
seine Zweige die Zedern Gottes.
Seine Ranken trieb er bis hin zum Meer
und seine Schößlinge bis zum Eufrat.
Warum rissest du seine Mauern ein?
Alle, die des Weges kommen, plündern ihn aus.
Der Eber aus dem Wald wühlt ihn um,
die Tiere des Feldes fressen ihn ab.
Gott der Heerscharen, wende dich uns wieder zu!
Blick vom Himmel herab und sieh auf uns!
Sorge für diesen Weinstock
und für den Garten,
den deine Rechte gepflanzt hat.

Psalm 80,9–16

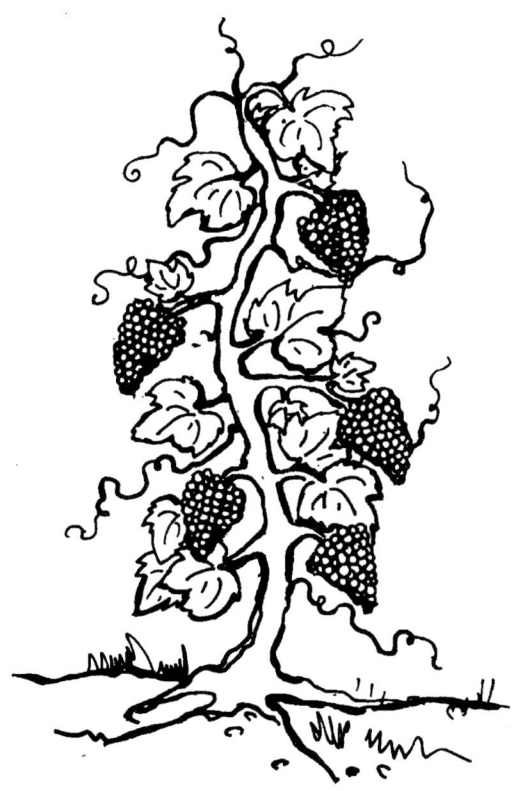

Was wird über den Weinstock gesagt?

Jesus sagte zu seinen Freunden: Ich bin der wahre Weinstock, und mein Vater ist der Winzer. Jede Rebe an mir, die keine Frucht bringt, schneidet er ab, und jede Rebe, die Frucht bringt, reinigt er, damit sie mehr Frucht bringt. Ihr seid schon rein, weil ihr zu mir gehört.
Bleibt in mir, dann bleibe ich in euch. Wie die Rebe alleine keine Frucht bringen kann, sondern nur, wenn sie am Weinstock bleibt, so könnt auch ihr keine Frucht bringen, wenn ihr nicht mit mir verbunden bleibt.
Ich bin der Weinstock, ihr seid die Reben. Wer in mir bleibt und in wem ich bleibe, der bringt reiche Frucht; denn getrennt von mir könnt ihr nichts tun.

Nach Johannes 15,1–8

Was können wir tun, um mit Jesus verbunden zu bleiben?

Symbolkreis Trauben und Wein

Symbolkreis Trauben und Wein

A 31

Traube

A 32

Zum Nachtisch Trauben

»Trauben gibt es heute, Weintrauben als Nachtisch«, sagte Mama, als Wölfi danach fragte. »Süße?«, fragte er. »Ich denke schon«, erwiderte die Mama und lachte. Sie kannte ihren kleinen Zuckerwölfi. »Magst du schon welche, es ist ja noch ein bisschen Zeit bis zum Mittagessen.«

Und dann saß Wölfi am Küchentisch bei Mama und aß Trauben. Das war immer schön, wenn Mama kochte und er dasaß. Sie konnten sich etwas erzählen oder auch gar nichts sagen, oder er schaute Mama einfach zu, wie sie alles machte.

»Mama, wachsen Trauben auf Bäumen?«
Mama lachte. »Das weißt du doch selbst«, sagte sie. »Die wachsen an Stöcken in großen Weinbergen, das haben wir doch schon gesehen.«

»Ja, schon«, sagte Wölfi, »war ja nur so eine Frage. Und dann macht man daraus den Wein?«

»Ja«, sagte Mama, »die Trauben werden gepresst, und der Saft wird in große Fässer gegeben, kühl gelagert in großen Kellern, und dann gärt er und es entwickelt sich ganz langsam der Wein.«

»Ich möchte auch mal Wein machen, Mama.«
»So einfach ist das nicht«, sagte Mama. »Da muss man viel wissen: von den Traubensorten und von der Reife der Trauben und vom Pressen und Lagern und von der Temperatur und von allem.«

»Das ist mir doch zu umständlich«, überlegte Wölfi. »Dann ist es für mich praktischer, wenn ich die Trauben so esse. Aber vielleicht, ganz vielleicht möchte ich so ein Weinmacher werden.«

Wölfi nahm eine Traube und hielt sie gegen das Licht. Fast durchsichtig wirkte die Schale, und in der Mitte waren in einem Muster die Kerne.
»Guck mal, Mama, sieht das nicht schön aus?«
Mama guckte auch.

Da schellte es: Wölfis Freund. »Ich komme sofort«, rief Wölfi. Er wischte sich die Hände an der Hose ab, nahm noch eine Hand voll Trauben und rannte hinaus. »Tschüs Mama, bis gleich.«

Elisabeth Zöller

Bunt sind schon die Wälder

2. Wie die volle Traube aus dem Rebenlaube
purpurfarbig strahlt!
Am Geländer reifen Pfirsiche, mit Streifen
rot und weiß bemalt.

3. Flinke Träger springen
und die Mädchen singen,
alles jubelt froh!
Bunte Bänder schweben
zwischen hohen Reben
auf dem Hut von Stroh.

4. Geige tönt und Flöte
bei der Abendröte
und im Mondesglanz.
Junge Winzerinnen
winken und beginnen
frohen Erntetanz.

T: Johann G. von Salis-Seewis,
M: Johann Friedrich Reinhard

A 33

Die Kundschafter

Fast vierzig Jahre war das Volk Israel durch die Wüste gewandert. Da sagte Gott, der Herr, zu Mose: Schicke aus jedem Stamm einen Mann als Kundschafter in das Land Kanaan. Mose schickte die Männer aus. Diese erkundeten das Land Kanaan und kamen auch in das Traubental. Dort schnitten sie eine Rebe mit einer Weintraube ab und trugen sie zu zweit auf einer Stange, dazu auch einige Granatäpfel und Feigen. Den Ort nannte man später Traubental wegen der Traube, die die Israeliten dort abgeschnitten hatten.

Nach vierzig Tagen machten sich die Männer auf den Heimweg. Sie kamen zu Mose und dem Volk Israel zurück und erzählten: Hier seht, so große Trauben und viele andere Früchte wachsen in dem Land. Es ist wirklich das gelobte Land, in dem Milch und Honig fließen!

Nach Numeri 13

Ein Kreislauf der Freude

Eines Tages kommt ein Landwirt, den der Bruder Pförtner gut kennt. In der Hand hat er eine große Weintraube mit herrlich gelben saftigen Beeren. »Bruder Pförtner, ich habe die schönste Weintraube aus meinem Weinberg mitgebracht. Raten Sie mal, wem ich damit eine Freude machen will?« Der Bruder überlegt. »Wahrscheinlich dem Abt oder sonst einem Pater, ich weiß es nicht.« »Ihnen!« – »Mir?« Der Bruder wird ganz rot vor Freude. »Mir? Sie haben an mich gedacht?« Er findet kaum Worte. »Ach ja«, sagt der Bauer glücklich, »wir sprechen so oft miteinander, und ich brauche so oft Ihre Hilfe, warum soll ich Ihnen nicht mal eine Freude machen?« Und die Freude, die er im Gesicht des anderen sieht, die macht ihn selbst innerlich froh.
Der Bruder Pförtner legt die Weintraube vor sich hin. Ach, die ist viel zu schön, um etwas davon abzupflücken. Den ganzen Nachmittag erfreut er sich an ihrem Anblick. Dann hat er eine Idee: »Wenn ich die jetzt unserem Vater Abt schenke, was für eine Freude wird der haben!« Und der Bruder gibt die Traube weiter.
Der Abt freut sich wirklich. Und als er abends einen kranken Pater in seinem Zimmer besuchen will, da kommt ihm der Gedanke: »Den kannst du sicher mit dieser Traube froh machen.« So wandert die Traube weiter. Und sie bleibt nicht bei dem Kranken. Sie wandert immer weiter Schließlich bringt sie ein Mönch wieder zum Bruder Pförtner, um ihm eine Freude zu machen. Er wusste natürlich nicht, dass die Weintraube von ihm ausgegangen war. So hatte sich der Kreis geschlossen. Ein Kreis der Freude.

Willi Hoffsümmer

A 34

Wein (Mandala)

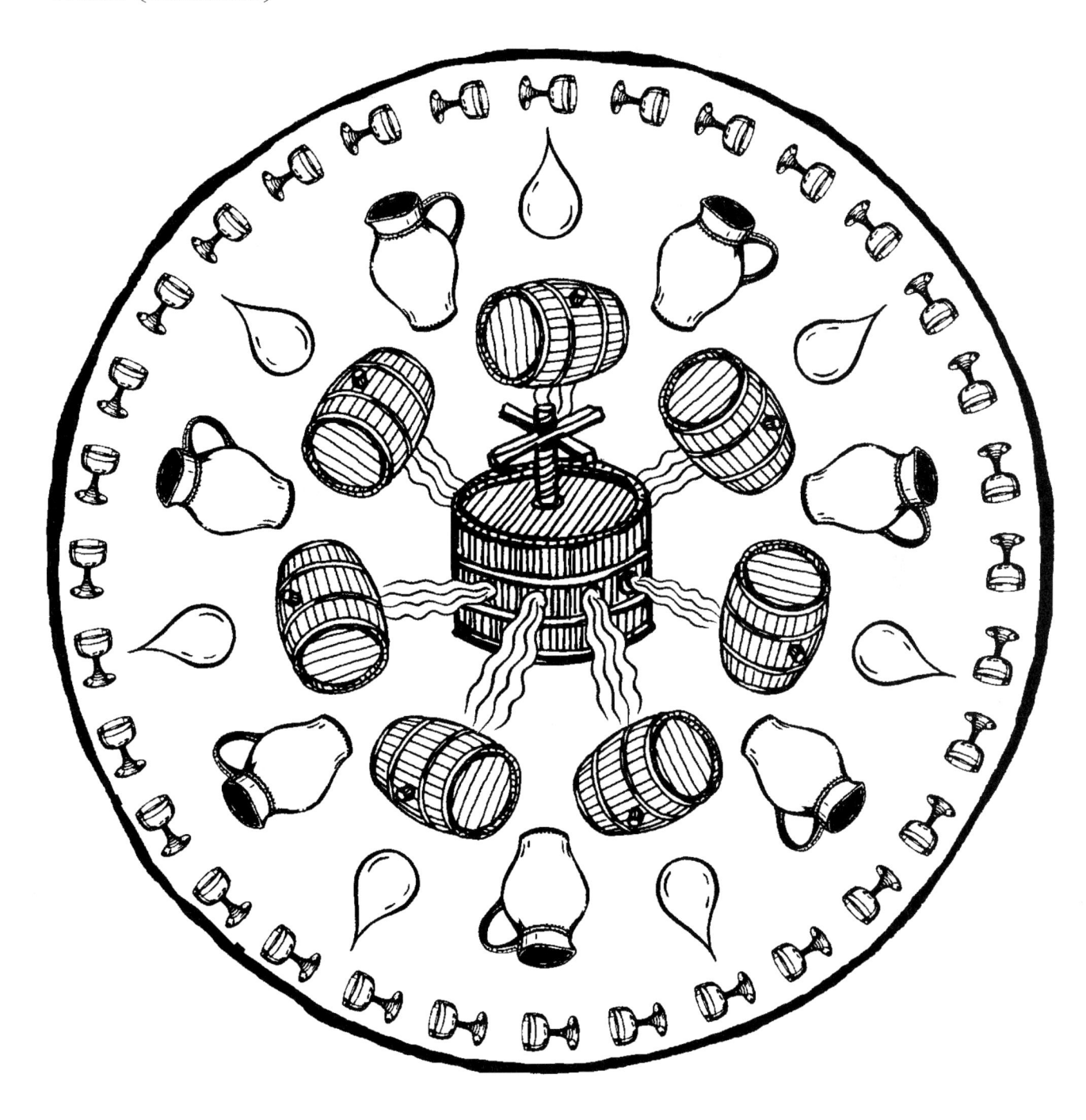

A 35

Die Kelter

Die geernteten Trauben kommen in eine Presse, die Kelter, wo aus ihnen der Saft gepresst wird. Früher gab es die »Traubentreter« oder »Keltertreter«, die in die Fässer stiegen und mit ihren Füßen die Trauben zertraten, sodass der Saft aus dem Fass fließen konnte.

Manchmal wird Jesus als »Keltertreter« dargestellt, der die Trauben zertritt und dabei sein eigenes Blut dazu gibt. Dadurch wird an die Worte Jesu beim letzten Abendmahl erinnert, als er seinen Freunden den Wein reichte.
Wie hießen die Worte?

A 36

Neuer Wein in neue Schläuche

Die Jünger Johannes des Täufers und andere fromme Menschen in Israel fasteten häufig. Deshalb kamen Leute zu Jesus und fragten: Warum fasten deine Jünger nicht, während die Jünger des Johannes und die Jünger der Pharisäer fasten? Jesus antwortete ihnen: Können denn die Hochzeitsgäste fasten, solange der Bräutigam bei ihnen ist? Solange der Bräutigam bei ihnen ist, können sie nicht fasten.

Niemand füllt neuen Wein in alte Schläuche. Sonst zerreißt der Wein die Schläuche, der Wein ist verloren und die Schläuche sind unbrauchbar. Neuer Wein gehört in neue Schläuche.

Nach Markus 2,18–22

Damit der Traubensaft zu Wein wird, muss er sich verändern. In Fässern lagert er lange in einem kühlen Keller. Hier gärt der Traubensaft und wird immer klarer, bis er als Wein in Flaschen abgefüllt wird und die Menschen ihn trinken können.

Jesus wusste, dass nicht nur der Wein, sondern auch die Menschen sich verändern müssen, um rein und klar zu werden. Das erzählt eine Begebenheit aus dem Evangelium.

Mit Jesus verändert sich etwas. Es kann nicht alles bleiben, wie es ist. Das will Jesus mit dem Bild von dem Wein in neuen Schläuchen sagen. Früher füllte man den Wein nicht in Flaschen ab, sondern in Beuteln, die aus Ziegenfell hergestellt wurden. Diese nannte man »Schläuche«.

Was sich mit Jesus ändert?	Wie es vorher war?

Symbolkreis Trauben und Wein

A 37

Hochzeit zu Kana

Am dritten Tag fand in Kana in Galiläa eine Hochzeit statt. Dazu waren viele Menschen eingeladen. Auch Jesus, seine Mutter und seine Freunde waren dabei.
Als die Feier schon eine Weile dauerte, ging der Wein aus. Maria, die Mutter Jesu merkte das und ging zu ihm. Sie sagte: Jesus, sie haben keinen Wein mehr.
Jesus antwortete ihr: Was willst du von mir, Frau? Meine Stunde ist noch nicht gekommen.
Maria aber sagte voll Vertrauen zu den Dienern: Was er euch sagt, das tut!
Es standen dort sechs große steinerne Wasserkrüge, wie es der Reinigungsvorschrift der Juden entsprach; jeder fasste ungefähr hundert Liter. Jesus sagte zu den Dienern: Füllt die Krüge mit Wasser! Und sie füllten sie bis zum Rand.

Er sagte zu ihnen: Schöpft jetzt, und bringt es dem, der für das Festmahl verantwortlich ist. So brachten sie es dem Speisemeister.
Er kostete das Wasser – und er schmeckte köstlichen Wein. Er wusste nicht, woher der Wein kam; die Diener aber, die das Wasser geschöpft hatten, wussten es. Da ließ er den Bräutigam rufen und sagte zu ihm: Was machst du denn? Jeder setzt zuerst den guten Wein vor und erst, wenn die Gäste zu viel getrunken haben, den weniger guten. Du jedoch hast den guten Wein bis jetzt zurückgehalten.
So tat Jesus sein erstes Zeichen, in Kana in Galiläa, und zeigte, dass er von Gott kam, und seine Jünger glaubten an ihn.

Nach Johannes 2, 1–11

Bei der Hochzeit zu Kana sind unterschiedliche Menschen zugegen. Sie alle erleben, was geschieht.

Sie alle erleben Jesus und denken sich ihr Teil. Was denken die wohl über Jesus? Schreibe es in die Sprechblasen!

A 38

Silbenrätsel Brot und Wein

1. Aus welcher Pflanzenart entsteht Brot?
2. Woraus wird Brotteig geknetet?
3. Worin wird das Brot gebacken?
4. Wie heißt das Brot in der Heiligen Messe?
5. Was sagt Jesus zu dem Brot, das er den Jüngern reicht? Das ist mein ...
6. Aus welchen Früchten entsteht Wein?
7. Wie nennt man einen Weinbauern?
8. Woran wachsen Weintrauben?
9. Worin werden die Trauben gepresst?
10. Was sagt Jesus zu dem Wein, den er den Jüngern reicht? Das ist mein ...

1. _____
2. _____
3. _____
4. _____
5. _____
6. _____
7. _____
8. _____
9. _____
10. _____

Back – ben – Blut – de – fen – Ge – Hos – Kel – Leib – Mehl – o – stock – ter – tie – trau – trei – Wein – Wein – Win – zer

A 39

Die heilige Gabe des Festes

Ein Rentierjäger, der allein mit seinen Eltern im Gebirge wohnte, hatte sich eines Tages verlaufen. Nach langem Umherirren fand er einen scheinbar verlassenen Adlerhorst. Wie er sich aber gerade über das Nest beugte und drei piepsende junge Adler erspähte, kehrten die Alten mit wütendem Geschrei zurück und begannen, auf ihn einzuhacken. »Kinderdieb!«, schrie die Adlermutter. »Nesträuber!«, rief der Adlervater. »Aber ich wollte doch nur …«, begann der Rentierjäger. »Kinderdieb!«, schrie jedoch unentwegt die aufgebrachte Adlermutter. »Sterben musst du!« »Nesträuber!«, rief der Adlervater. »Vom Felsen sollst du stürzen!«

»Ich habe mich verlaufen«, brachte da der Jäger hervor, »nur verlaufen! Und wenn man stundenlang und ganz allein durch die Wildnis geirrt ist, freut man sich über jedes Lebenszeichen, auch wenn es nur … wenn es nur …«, und er schluckte. »Auch wenn es nur ein Tier ist«, ergänzte die Adlermutter, nun aber schon etwas sanfter gestimmt. »Ihr Menschen seid immer allein«, sagte der Adlervater, »denn ihr habt die Gabe des Festes noch nicht empfangen. Wir werden dich lehren zu feiern. Wenn du alles gelernt hast und uns auch einlädst, wollen wir dich ziehen lassen und dein Eindringen vergessen.«

Und der junge Mann lernte alles, was nötig ist, um ein Fest zu feiern: Lieder zu erfinden und vorzutragen, die Flöte zu spielen und die Trommel zu schlagen, vor Freude zu tanzen und eine Festhütte zu bauen. »Nun geh, trage viel Speise zusammen und lade die anderen Menschen ein«, sagte die Adlermutter zum Abschied. »Aber es gibt doch gar keine anderen Menschen hier«, erwiderte der Jäger. Doch die Alte meinte nur: »Sie werden schon kommen, wenn es ein Fest gibt und jeder willkommen ist. Dafür will ich sorgen. Gehe du jetzt und bereite alles vor.« Dann flog ihn der alte Adler nach Hause zurück.

Und tatsächlich, zur festgesetzten Zeit, als alles vorbereitet war, trafen auch die Gäste ein. Paarweise kamen sie, in Fuchs-, Wolf- und Vielfraßfelle gehüllt. Und sie erzählten listige Geschichten, sangen und heulten schaurige Balladen und fraßen die Tische leer, dass es nur so eine Freude war – kurzum, es wurde ein großartiges Fest. Erst als sie sich spät nach Mitternacht verabschiedeten, merkten der Jäger und seine Eltern, dass ihre Gäste Tiere waren. »So gewaltig ist die Macht des Festes, dass Tiere zu Menschen werden und wir Alten wieder jung«, raunte die Adlermutter, tauschte einen vielsagenden Blick mit den Eltern des Jägers und flog davon.

Siegfried Macht nach einem Eskimomärchen

Schreibe hierhin, was man alles für ein Fest benötigt:

Nimm dir Zeit zum Feiern

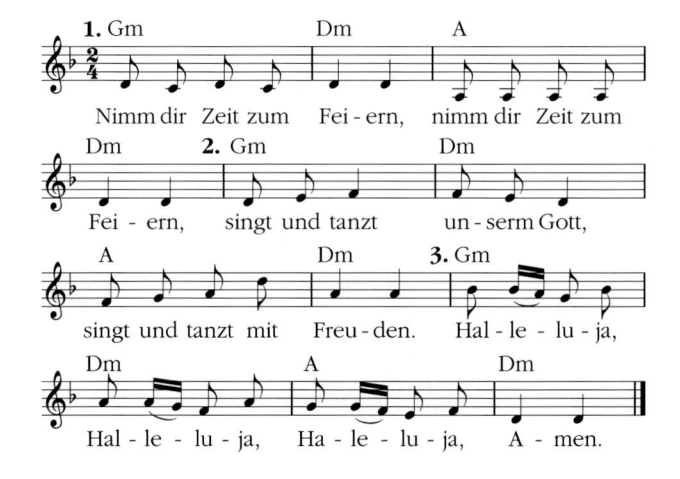

1. Nimm dir Zeit zum Feiern, nimm dir Zeit zum Feiern,
2. singt und tanzt unserm Gott, singt und tanzt mit Freuden.
3. Halleluja, Halleluja, Halleluja, Amen.

Herkunft unbekannt

A 40

Das Fest kann nicht stattfinden

Ein junger Mann und eine junge Frau wollten heiraten. Es sollte ein großes Hochzeitsfest sein, denn sie wollten mit all ihren Freunden feiern. Es gab nur ein Problem: Das Brautpaar war sehr arm. Darum hatten sie auf die Einladungskärtchen geschrieben: Wer uns etwas schenken möchte, bringt bitte eine Flasche Wein mit und schüttet es am Eingang in ein großes Fass. So konnten alle dazu beitragen, dass es ein frohes und fröhliches Fest wurde.

Die Gäste kamen und schütteten den Inhalt ihrer Flaschen in ein großes Fass am Eingang des Festzeltes.

Als alle versammelt waren, schöpften die Dienerinnen daraus und reichten allen Gästen davon. Jetzt wollten sie auf das Wohl des jungen Brautpaares anstoßen und trinken. Sie hoben ihre Gläser zum Mund und tranken den ersten Schluck. Plötzlich wurde es ganz still, viele Gesichter liefen rot an: Jeder hatte nur Wasser im Glas.

Jetzt bereute wohl jeder seine Überlegung: »Ach, die eine Flasche Wasser, die ich hineingieße, wird niemand merken!« Aber leider hatten alle so gedacht. Alle wollten auf Kosten der anderen mitfeiern. Und so konnte das große, schöne Fest nicht stattfinden! Die Gäste verabschiedeten sich schnell und gingen. Und das junge Brautpaar? Wie mag es dem wohl ergangen sein?

Ein altes Lied aus der Bibel beschreibt die Hochzeit eines Königs so:

Mein Herz fließt über von froher Kunde,
ich weihe mein Lied dem König.
Meine Zunge gleicht dem
Griffel des flinken Schreibers.
Du bist der Schönste von allen Menschen,
Anmut ist ausgegossen über deine Lippen;
darum hat Gott dich für immer gesegnet.
Gürte, du Held, dein Schwert um die Hüfte,
kleide dich in Hoheit und Herrlichkeit!
Zieh aus mit Glück,
kämpfe für Wahrheit und Recht!
Dein Thron, du Göttlicher,
steht für immer und ewig;
das Zepter deiner Herrschaft
ist ein gerechtes Zepter.
Du liebst das Recht und hasst das Unrecht,
darum hat Gott, dein Gott, dich gesalbt
mit dem Öl der Freude
wie keinen deiner Gefährten.
Von Myrrhe, Aloe und Kassia
duften all deine Gewänder,
aus Elfenbeinhallen erfreut dich Saitenspiel.
Königstöchter gehen dir entgegen,
die Braut steht dir zur Rechten
im Schmuck von Ofirgold.
Die Töchter von Tyrus kommen mit Gaben,
deine Gunst begehren die Edlen des Volkes.
Die Königstochter ist herrlich geschmückt,
ihr Gewand ist durchwirkt mit Gold und Perlen.
Man geleitet sie
in buntgestickten Kleidern zum König,
Jungfrauen sind ihr Gefolge,
ihre Freundinnen führt man zu dir.
Man geleitet sie mit Freude und Jubel,
sie ziehen ein in den Palast des Königs.
Ich will deinen Namen rühmen
von Geschlecht zu Geschlecht;
darum werden die Völker dich preisen
immer und ewig.

Aus Psalm 45

Symbolkreis Fest

A 41

Jahreskreis (Mandala)

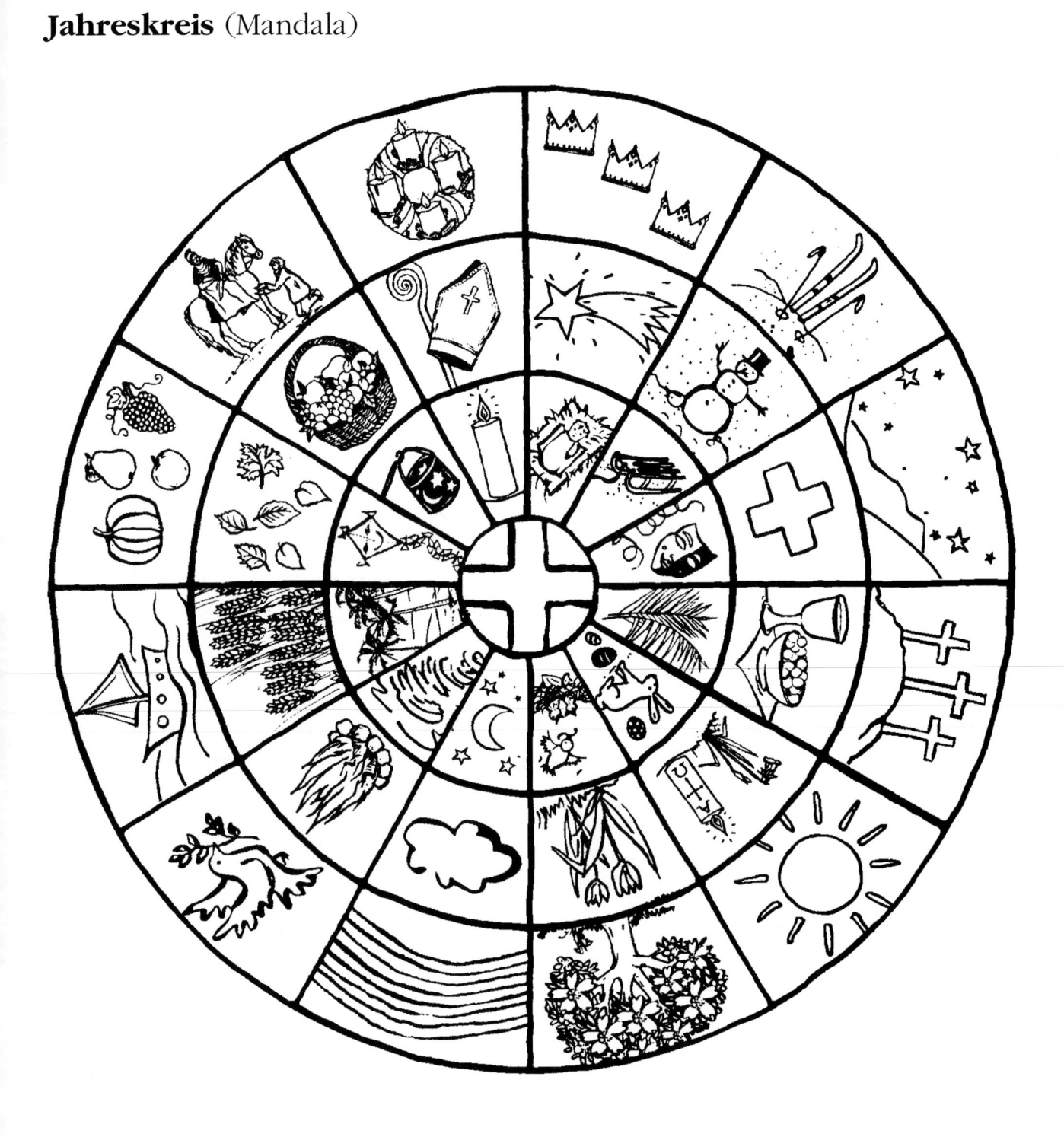

Symbolkreis Fest

A 42

Feste im Jahreskreis

Als Christen sollen wir die christlichen Feste im Jahreskreis mit ganzem Herzen begehen. Ordne folgende Feste den Bildern zu und schreibe die Namen auf die Strahlen:

Ostern / Advent / Pfingsten / Christi Himmelfahrt / Weihnachten / Erntedank / Karfreitag / Palmsonntag / Aschermittwoch / Gründonnerstag / St. Martin.

47

Symbolkreis Fest

A 43

Feste im Lebenslauf

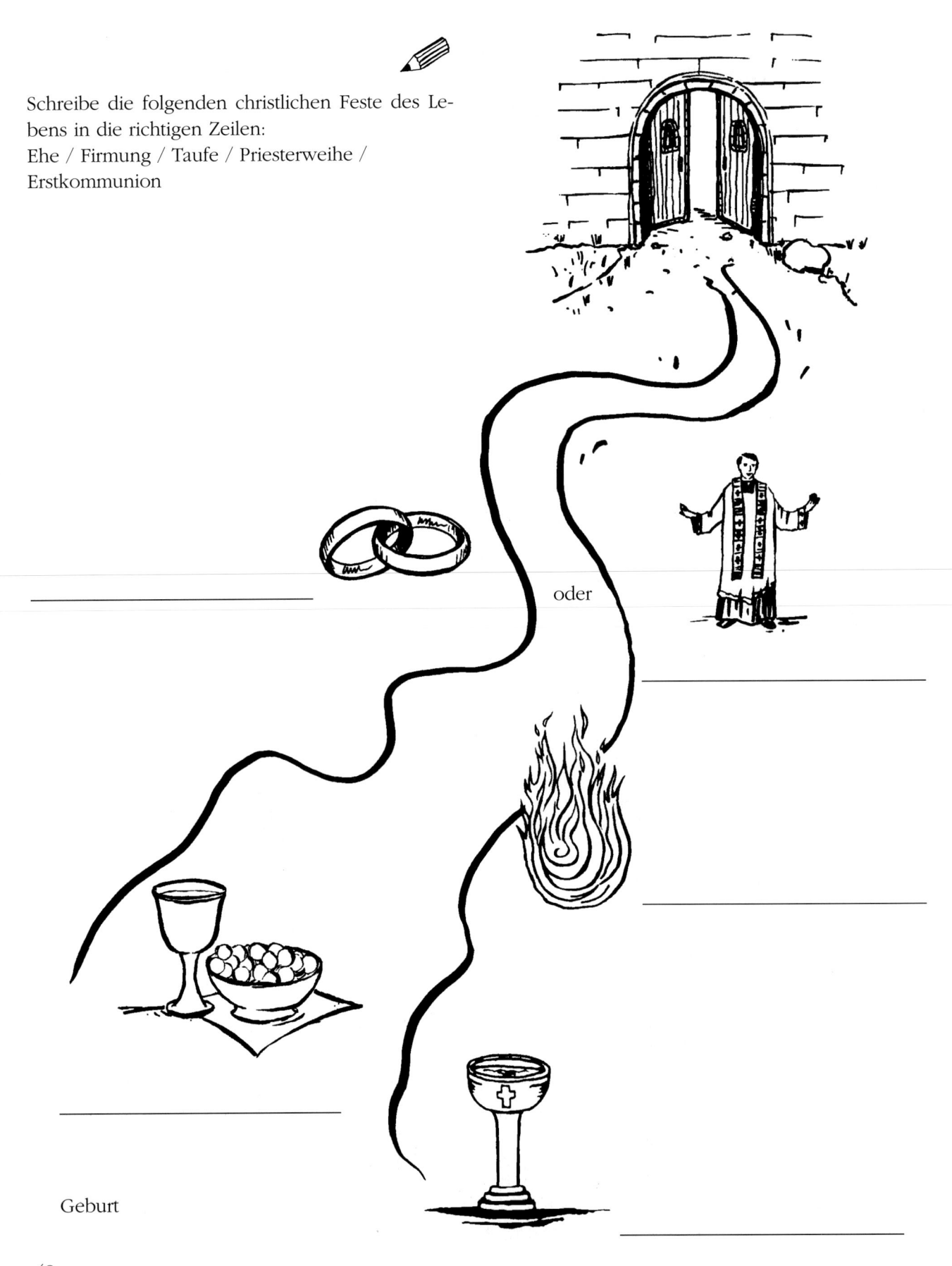

Schreibe die folgenden christlichen Feste des Lebens in die richtigen Zeilen:
Ehe / Firmung / Taufe / Priesterweihe / Erstkommunion

_____   oder   _____

_____

_____

Geburt   _____

Symbolkreis Fest

A 44

Es ist Sonntag

Heute möchte ich, dass Musikanten
durch alle Häuser gehen
und dass Kerzen
neben den Türen brennen,
als Zeichen des Glücks.
Heute möchte ich, dass alle Mauern
die Farben des Regenbogens widerspiegeln
und dass Tulpen
an den Fenstern stehen,
wie Kelche von Licht.
Heute möchte ich, dass Eltern und Kinder
ausgehen und zusammenkommen.
Heute möchte ich, dass Lieder
in allen Kirchen ertönen
und dass Fröhlichkeit alle Gesichter erleuchtet.
Heute ist Sonntag.
Heute singe ich für dich, lieber Gott,
und ich schenke dir meine Zeit.
Es ist ein Tag für dich.
Heute, mitten unter meinen Freunden,
höre ich dein Wort. Es sagt uns,
wie wir Menschen glücklich werden.
Heute, mitten unter meinen Freunden,
gehe ich zum Altar.
Dort steht wie zu einem festlichen Mahl
Brot und Wein für uns.
Heute feiern wir ein Fest.
Es ist Sonntag,
ein Tag für dich, lieber Gott.

Charles Singer / Deutsch von Heidi Kaiser

Der Sonntag

Eines Tages kamen unter einem großen Baum die Tiere zusammen, weil auch sie einen Sonntag haben wollten wie die Menschen.
Der König der Tiere, der Löwe, erklärte: Das ist ganz einfach. Wenn ich eine Gazelle verspeise, dann ist für mich Sonntag. Das Pferd meinte: Mir genügt schon eine weite Koppel, dass ich stundenlang austraben kann, dann ist für mich Sonntag. Das Schwein grunzte: Eine richtige Dreckmulde und ein Sack Eicheln müssen her, dann ist für mich Sonntag. Das Faultier gähnte und bettelte: Ich brauche einen dicken Ast, um zu schlafen, wenn es bei mir Sonntag werden soll. Der Pfau stolzierte einmal um den Kreis, zeigte sein prächtiges Federkleid und stellte höflich, aber bestimmt fest: Nur ein Satz neuer Schwanzfedern, er genügt für meinen Sonntag. So erzählten und erklärten die Tiere stundenlang, und alle Wünsche wurden erfüllt, aber es wurde unter ihnen kein Sonntag. Da kamen die Menschen vorbei und lachten die Tiere aus: Ja, wisst ihr denn nicht, dass es nur Sonntag wird, wenn man mit Gott wie mit einem Freund spricht?

Nach einer afrikanischen Sage

Schreibe auf, was du am Sonntag tust.

Symbolkreis Fest

A 45

Das Gleichnis vom Festmahl

Jesus war mit seinen Freunden zu einem Fest eingeladen. Da sagte einer der Gäste zu Jesus: Wie froh muss der Mensch sein, der einmal bei Gott im Himmel am Festmahl teilnehmen darf!
Da sagte Jesus: Zum Festmahl im Reich meines Vaters sind alle Menschen eingeladen. Aber es wird so sein wie in dieser Geschichte:
Da war ein Mann, ein König, der hatte alle seine Freunde zu einem wunderschönen Fest eingeladen. Sein Sohn wollte heiraten. Der Saal war schon geschmückt, das Essen vorbereitet. Jetzt konnten die Gäste kommen. Und er schickte seine Diener zu den eingeladenen Gästen und ließ sagen: Das Fest ist bereitet. Ihr könnt jetzt kommen! Aber als die Diener zum Ersten kamen, sagte der: Ihr müsst mich entschuldigen. Ich habe gerade einen Acker gekauft. Den muss ich mir ansehen. Ich kann nicht kommen! Der Nächste sagte: Ich kann beim besten Willen nicht kommen. Ich habe mir gerade ein neues Ochsengespann gekauft. Das muss ich mir ansehen und es ausprobieren! Ihr müsst mich entschuldigen. Und ein anderer sagte: Wie kann ich zu dem Fest kommen? Ich bin doch frisch verheiratet! Ich muss mich jetzt um meine Frau kümmern! So ließen sich alle Gäste entschuldigen. Die Diener kehrten zu ihrem Herrn zurück und erzählten alles. Da wurde der Mann traurig und wütend. Er sagte zu seinen Dienern: Geht auf die Straßen und Gassen der Stadt. Holt alle Armen, Blinden, Krüppel und Lahmen herbei. Die Diener gingen und kamen bald wieder: Wir haben alle mitgebracht, die wir finden konnten, wie du es gesagt hast. Aber es ist noch Platz. Da sagte der Herr: Dann geht auf die Landstraße vor die Stadt! Bringt alle mit, die ihr finden könnt, damit mein Haus voll wird. Nur von denen, die zuerst eingeladen waren, wird keiner an meinem Mahl teilnehmen.

Nach Lukas 14,15–24

Willst du mein Gast beim Festmahl sein?

1.–4. Willst du mein Gast beim Festmahl sein?
Recht schönen Dank, doch leider nein! 1. Mein neues Grundstück, Sie versteh'n?
Muss ich mir, muss ich mir,
muss ich mir heut' anseh'n.

2. Mein Vieh, die Arbeit, Sie versteh'n!
Drum kann ich heut, kann ich heut,
kann ich heut, heut nicht geh'n.

3. Wir feiern Hochzeit, Sie versteh'n!
Drum kann ich heut …

4. Ich hab zu tun, es tut mir Leid,
hab keine Zeit, keine Zeit, keine Zeit, keine Zeit.

5. So lädt ein Mann zum Festmahl ein
und steht am Ende ganz allein.
Die feinen Gäste, Sie versteh'n,
die lassen sich, lassen sich, sich nicht seh'n.

6. Da geht der Mann noch mal hinaus
und fragt die Leute vor dem Haus.
So steht er plötzlich auch vor dir
und fragt: Kommst, sag, kommst du,
sag, kommst du auch zu mir?

7. Willst du mein Gast beim Festmahl sein?
Ich lade dich ganz herzlich ein!
Komm, sei mein Gast und tritt herein.
Was ich hab, ist auch dein.
Was ich hab, ist auch dein.

8. Die krank und arm und dumm und klein,
die lädt der Mann zum Festmahl ein.
Die andern aber, Sie verzeih'n,
sagt er nein, einfach nein, sagt er nein.

T: Rolf Krenzer, M: Ludger Edelkötter

A 46

Das Märchen von Sadko

Sadko lebte in Russland, in der reichen Stadt Nowgorod. Er war nicht reich, brachte aber allen, wohin er kam, Glück und Freude. Sadko war Guslispieler, und die Gusli, seine Kniegeige, war sein einziger Besitz. Die Lieder, die er sang und spielte, rührten zum Weinen und lockten zum Lachen, stärkten die Seele und labten das Herz. Überall, auf jedem Fest in Nowgorod, musste Sadko spielen. Wo Sadko nicht war, fehlten die Lieder, und wo sie fehlten, trauerte das Herz. Und wenn es trauerte, wo waren dann die Gäste? So lebte Sadko lange Zeit frei wie ein Vogel ohne Not.

> Welche Zahl ist in der Geschichte wichtig?

Aber eines Tages kam auch zu Sadko die Sorge. Niemand lud ihn mehr ein. Ganz Nowgorod hatte ihn plötzlich vergessen. Sadko litt Hunger und Not. Ganz traurig aber machte ihn, dass seine Gusli verstummt war und niemand seine Lieder mehr hörte, die immer in ihm waren.
So ging Sadko eines Morgens aus der Stadt, zum Ilmensee, dessen Wasser blau den Himmel widerspiegelten. Dort setzte er sich auf einen weißen Stein am Ufer. Er nahm seine weiße Gusli und er spielte dem Wasser und den Wellen, die von Ufer zu Ufer wogten und leise auf dem weißen Sand rund um den See ausliefen.
Sadko ließ den ganzen Tag die Lieder erklingen, die aus seinem Herzen kamen. Zum Tanz spielte er auf und spielte auch traurige Lieder, sie strömten aus seiner Gusli und stillten den Schmerz in seinem Herzen. Als dann am Abend die Sonne schlafen ging in den klaren Wassern des Ilmensees, brach eine Welle aus der Tiefe des Sees hervor, schäumend wie eines Pferdes Mähne. Sie umspülte Sadkos Füße und bedeckte seine Fersen mit Schaum. Sadko erschrak, fürchtete ein jähes Gewitter und rannte mit seiner Gusli zurück nach Nowgorod.

> Welche Farben sind in der Geschichte wichtig?

Am anderen Morgen wartete Sadko wieder vergebens, dass jemand ihn rief. Wieder ging Sadko traurig aus der Stadt zum Ilmensee. Dort setzte er sich auf den weißen Stein am Ufer und spielte erneut dem Wasser und auch den Wellen. Als dann die Sonne am Abend ihr Haupt verhüllte, brach eine Welle aus der Tiefe des Sees hervor wie eine riesige Hand, die sich zum Himmel erhebt. Sie wälzte sich über das Ufer, umspülte zu halber Höhe den Stein und bedeckte Sadkos Knie mit Schaum. Sadko erschrak bis ins Mark, sprang auf und rannte entsetzt heim nach Nowgorod.
Und es kam der dritte Tag. Wieder kam niemand, um ihn zu holen. Wieder ging Sadko traurig aus der Stadt, zum Ilmensee. Wieder setzte sich Sadko ans Ufer auf den weißen Stein, nahm seine Gusli und spielte dem Wasser und den Wellen. Sadko spielte am Morgen, am Mittag und am Abend seine Lieder, die ihm aus dem Herzen kamen und mit denen er einst die Menschen erfreut hatte. Am Abend, als die Sonne müde zur Ruhe ging, brach aus der Tiefe des Sees eine Welle hervor gleich einem gläsernen Berg oder wie schweres Gewittergewölk und brandete über den weißen Stein. Bis zum Gürtel reichte sie Sadko und bedeckte seine Schultern mit Schaum. Entsetzen packte ihn und er glaubte, sein Ende wäre gekommen. Er wollte schreien und weglaufen.

Doch die Füße versagten den Dienst und er blieb reglos sitzen auf dem weißen Stein. Da teilte sich das Wasser des Sees und in der Kluft stand der schreckliche Zar Ilmen, der Herr des Sees, und sprach zu Sadko: »Gruß dir, Sadko, du trefflicher Guslispieler, und Dank, dass du meinen Gästen aufspieltest, die bei mir zum Fest waren. Drei Tage währte unser Fest im See, und drei Tage hast du es uns verschönt. Eingeladen hatte ich dich nicht, doch scheint mir, dass du reichen Lohn verdient hast. Kehr wieder heim, Sadko. Morgen werden meine Boten kommen und dich zu einem Gastmahl laden, wie die Stadt noch keines gesehen hat. Alle Reichen der Stadt werden kommen und sich brüsten. Du, Sadko, sage nichts, tu so, als wärest du stumm. Sie werden dich fragen: Nun, und du, Sadko, hast nichts, womit du dich rühmen könntest? Dann antworte ihnen: Ich kenne das Geheimnis des Ilmensees. In seiner Tiefe wohnt ein kostbares Fischlein, mit Schuppen aus reinem Gold. Wenn ich nur Lust habe, geh ich zum See und fange das Fischlein, und wenn ich will, fange ich auch zwei oder drei und nehme sie mit nach Hause. Niemand wird dir glauben. Jeder wird mit dir wetten wollen. Du, geh darauf ein und wette mit ihnen um all ihren Reichtum. Dann nimm das feinste Seidennetz und komm zum Ilmensee. Alle sollen dich begleiten. Rudere mit einem Fischerboot aufs Wasser und wirf das Netz in die Fluten. Dreimal ziehst du es aus dem Wasser. Bei jedem Male will ich dir ein Fischlein aus reinem Gold geben. So wirst du mit einem Schlag der reichste Mann in ganz Russland. So will ich dich für dein Spielen belohnen.« Der Seezar hatte zu Ende gesprochen, das Wasser schloss sich wieder über ihm, und der See lag still und ruhig da wie eh und je. Wie träumend wandelte Sadko nach Hause, wo er den neuen Tag erwartete.

> Welche Tätigkeiten sind in der Geschichte wichtig?

Am Morgen geschah alles genau so, wie es der Seezar vorausgesagt hatte: Sadko wurde zum Fest geladen. Und schließlich fragten sie ihn, und Sadko wettete mit ihnen. Sie zogen alle zum Ilmensee und Sadko fischte drei goldene Fischlein aus dem See, wie es der Seezar gesagt hatte.
Sadko hatte die Wette gewonnen und war nun reich wie kein anderer. Er ließ sich einen Palast aus weißem Stein bauen, der von fern leuchtete wie die Sonne. Und als der Palast fertig war, führte Sadko eine Braut heim, schön wie die Morgenröte, und feierte Hochzeit.

Russisches Märchen

A 47

Psalmen und Lieder

Achtet also sorgfältig darauf, wie ihr euer Leben führt, nicht töricht, sondern klug.
Nutzt die Zeit; denn diese Tage sind böse.
Darum seid nicht unverständig, sondern begreift, was der Wille des Herrn ist.
Berauscht euch nicht mit Wein – das macht zügellos –, sondern lasst euch vom Geist erfüllen!

Lasst in eurer Mitte Psalmen, Hymnen und Lieder erklingen, wie der Geist sie eingibt.
Singt und jubelt aus vollem Herzen zum Lob des Herrn!
Sagt Gott, dem Vater, jederzeit Dank für alles im Namen Jesu Christi, unseres Herrn!

Wofür wir Gott danken und ihn loben:

Und so sagt es ein altes Gebet:
Halleluja! Lobet Gott in seinem Heiligtum,
lobt ihn in seiner mächtigen Feste!
Lobt ihn für seine großen Taten,
lobt ihn in seiner gewaltigen Größe!
Lobt ihn mit dem Schall der Hörner,
lobt ihn mit Harfe und Zither!

Lobt ihn mit Pauken und Tanz,
lobt ihn mit Flöten und Saitenspiel!
Lobt ihn mit hellen Zimbeln,
lobt ihn mit klingenden Zimbeln!
Alles, was atmet, lobe den Herrn! Halleluja!

Psalm 150

Symbolkreis Fest

A 48

Gottesdienst

»Komisch ist das!«, meint Ronny und schaut seinen Vater an. »Wenn du in der Woche zum Dienst gehst, bist du oft schlecht gelaunt. Aber sonntags machst du ein ganz anderes Gesicht, wenn du zum Dienst gehst.« Der Vater sagt erstaunt: »Am Sonntag habe ich doch überhaupt keinen Dienst!« »Er meint den Gottesdienst!«, ruft die Mutter und lacht.
Jetzt muss auch der Vater lachen. »Das ist doch etwas ganz anderes!«, sagt er. »Und warum heißt es genauso?«, fragt Ronny. Da erklärt ihm sein Vater, dass nicht die Menschen Gott im Gottesdienst dienen, sondern dass Gott selbst es ist, der am Sonntag den Menschen, die er lieb hat, dienen will.

»Und wie tut er das?«, fragt Ronny ganz erstaunt.
»Nun, er lädt uns alle ein, in das Gotteshaus zu kommen und sein Wort zu hören. Und wenn wir zusammen sind, singen und beten wir. Wir erfahren es jeden Sonntag, dass Gott uns lieb hat!«
»Es ist ein richtiges Fest!«, sagt die Mutter leise. »Ein Fest, zu dem wir von Gott eingeladen sind. Wir hören von Jesus, loben und danken und feiern zusammen.«
Ronny denkt nach. Dann sagt er: »Am schönsten und feierlichsten ist es, wenn der Priester von dem heiligen Mahl erzählt, das Jesus mit seinen Jüngern gehalten hat. Und wenn wir dann alle zu ihm gehen und die Hostie empfangen! Ja, das ist richtig feierlich. Das ist dann eine richtige Feier!«

»Deshalb FEIERN wir auch zusammen die heilige Messe!«, sagt der Vater. »Deshalb feiern alle Christen auf der Welt sonntags den Gottesdienst!« 
»Und das ist jeden Sonntag so?«, fragt Ronny weiter. »Hat es noch niemals einen Sonntag gegeben, an dem kein Gottesdienst war?«
»Nein«, antwortet die Mutter, »seit es Christen gibt, feiern sie jeden Sonntag ihren Gottesdienst.«
»Aber Müllers Camillo geht auch zum Religionsunterricht. Er geht aber nicht jeden Sonntag zur Kirche. Und seine Eltern auch nicht!«
Nachdenklich sagt der Vater: »Alle sind von Gott eingeladen! Gott befiehlt nicht, dass alle zum Gottesdienst kommen. Aber er lädt alle ein!« 
»Das ist bei deinem anderen Dienst in der Woche ganz anders!«, meint Ronny und blickt seinen Vater verständnisvoll an. »Bei deinem auch!«, lacht der Vater. »Morgen früh musst du auch wieder zur Schule! Da bist du nicht nur eingeladen, nein, da musst du hin!«

Dagmar Domina

Was tun wir im Gottesdienst? Schreibe die richtigen Worte in die Zeilen. Unterstreiche in der Geschichte die Worte, die du dort wiederfindest!

f _____ Gott l _____ b _____

s _____ Gottes Wort h _____ d _____

Mahl h _____ b _____

beten / singen / feiern / hören / halten / loben / danken / bitten

A 49

Das Andenken

Es war an der Südküste eines lateinamerikanischen Landes. In einem Fischerdorf wohnte Marco mit seiner Frau Linda und seinen drei Kindern José, Amalio und Lucia. Er war jahrelang Fischer gewesen. Seit einigen Monaten jedoch war er arbeitslos. Seine Firma, für die er zum Fischfang gegangen war, hatte sich aus dem Dorf zurückgezogen. Man sagte ihm: »Der Fischfang lohnt sich nicht mehr in dieser Küstenregion.«

Der Tag war gekommen, an dem Marco seine Familie verlassen musste, um in der großen Stadt, die tausend Kilometer entfernt vom Dorf lag, eine Arbeit zu finden. Bliebe er im Dorf, so wären die wenigen Ersparnisse bald aufgezehrt, und die ganze Familie müsste dann hungern.

Mutter und Kinder waren an dem Tag sehr traurig, dass der Vater so weit wegfahren musste, um für sie das tägliche Brot zu verdienen. Auch Marco, der Vater, war traurig, denn er wusste nicht, wann er seine Frau und seine drei Kinder wiedersehen würde. Er dachte den ganzen Tag darüber nach, was er seiner Familie als Andenken hinterlassen könnte, damit seine Frau und die Kinder immer, solange er weg war, an ihn denken würden, und er dachte darüber nach, was er mitnehmen könnte als Erinnerung an seine Lieben.

Es war Abend geworden, und alle saßen am Tisch. Jeder wusste, dass dies das letzte Mal war, dass sie zusammen mit Vati das Abendbrot aßen. Es herrschte eine gespannte Stille, jeder wusste warum.

Nur die kleine Lucia wagte, den Vater zu fragen: »Papa, wenn du morgen wegfährst, schlafe ich noch?« »Ja«, sagte der Vater, »denn ich werde sehr früh abreisen. Ich brauche zwei Tage, um mit dem alten Bus in die große Stadt im Norden zu kommen. Aber ich werde bald eine Arbeit finden und eine Wohnung, und dann komme ich euch holen, damit wir immer zusammen sind. Ich weiß nicht, wie lange das dauern wird. Ich will von euch ein Andenken mitnehmen. Es soll mich daran erinnern, dass ich euch lieb habe und dass ich bald kommen muss, euch zu holen. Ich will euch aber auch ein Andenken hinterlassen. Es soll euch daran erinnern, dass ihr mich lieb habt und dass ihr auf mich wartet.«

»Ich habe nichts«, fuhr der Vater fort, »was ich euch schenken kann. Trotzdem gibt es etwas, das wird uns helfen: euch – an mich zu denken, und mir – an euch zu denken. Wenn ihr zusammen seid und an diesem Tisch euer Brot esst, dann denkt ihr an mich. Und wenn ich in der großen Stadt Brot esse, dann denke ich an euch!«

»Abgemacht!«, riefen die Kinder, und obwohl sie den Vater eine Zeit nicht mehr sehen würden, waren sie nicht mehr so traurig, denn sie wussten: Jedes Mal, wenn wir mit der Mutter am Tisch essen, denken wir an Vati und er an uns, bis er kommt, uns zu holen. Seit diesem Tag hat das Brot den Kindern und der Mutter zu Hause und dem Vater in der Ferne anders geschmeckt.

Leonardo Boff

Ich lade dich ganz herzlich ein

Ich lade dich ganz herzlich ein, komm doch zu mir herein. Ich werde mich ganz sicher freun und wir sind nicht allein.

2. Der Himmel ist hoch über uns
und hier bei uns zu Haus.
Gott ist bei dir, Gott ist bei mir,
drum ruh dich bei mir aus.

T: Rolf Krenzer, M: Inge Lotz

Symbolkreis Fest

A 50

Das letzte Abendmahl

Der Apostel Paulus schreibt an die Gemeinde in der Stadt Korinth, wie er vom letzten Abendmahl erzählt bekommen und es dann immer weiter mitgefeiert hat. Er schreibt:
Ich habe vom Herrn empfangen, was ich euch dann weitergesagt habe: Jesus, der Herr, nahm in der Nacht, in der er ausgeliefert wurde, Brot, sprach das Dankgebet, brach das Brot und sagte: Das ist mein Leib für euch. Tut dies zu meinem Gedächtnis!
Ebenso nahm er nach dem Mahl den Kelch und sprach: Dieser Kelch ist der Neue Bund in meinem Blut. Tut dies, sooft ihr daraus trinkt, zu meinem Gedächtnis!
Denn sooft ihr von diesem Brot esst und aus dem Kelch trinkt, verkündet ihr den Tod des Herrn, bis er kommt.

Nach 1 Korinther 11,23–26

Die Einsetzungsworte

Ergänze die Worte in den entsprechenden Kästchen:

Blut – Jüngern – Kelch – esset – Leib – Kelch – Brot – trinket – Gedächtnis – Sünden

---

In der Nacht, da er verraten wurde (das ist heute), nahm Jesus das _____, dankte dir, Vater, brach es, reichte es seinen _____ und sprach: Nehmet und _____ alle davon: Das ist mein _____, der für euch hingegeben wird.

Ebenso nahm er nach dem Mahl den _____, dankte wiederum, reichte ihn seinen Jüngern und sprach: Nehmet und _____ alle daraus: Das ist der _____ des neuen und ewigen Bundes, mein _____, das für euch und für alle vergossen wird zur Vergebung der _____. Tut dies zu meinem _____.

A 51

Messe (Mandala)

A 52

Die Legende von Tarzisius

Tarzisius lebte in der Zeit, als die römischen Kaiser viele Christen einsperren und hinrichten ließen. Die wollten nicht den Göttern, sondern nur Christus ihr Opfer darbringen.

Nach der Eucharistiefeier steckte der Priester das heilige Brot in einen kleinen Beutel und legte ihn Tarzisius um den Hals. »Geh, trag den Leib Christi zu den Brüdern im Gefängnis. Sie warten darauf.« Das verstand Tarzisius zwar nicht. Aber stolz ließ er sich den Beutel umhängen und unter das Hemd stecken. Er durfte den Heiland tragen. Nicht nur, dass er dafür als würdig befunden wurde, er galt auch als einer der Geschicktesten, die sich durch Zäune und Wachen durchschmuggeln konnten.

Unterwegs hielt er, wie befohlen, immer eine Hand auf dem Beutel. Zwar lockten so viele Dinge am Straßenrand. Aber heute durfte und wollte er sich nicht ablenken lassen. Von allen Schätzen in der Welt trug er doch den größten bei sich. Als er in die Via Drusia einbog, geschah das Verhängnisvolle. Bei aller Vorsicht hatte er nicht bedacht, dass hier seine Kameraden spielten und sich die Zeit vertrieben. »He, Tarzisius, komm zu uns und spiel mit!« Tarzisius stand still und überlegte. »Ich, ich habe gar keine Zeit. Ich muss noch einen Weg erledigen, der ganz dringend ist.« – »Du hast keine Zeit für deine Freunde? Was sind das für neue Mätzchen?« – »Ich kann nicht, ich bin auf dem Weg …« Aber das Weitere konnte er ja nicht sagen. »Was ist mit dir heute? Und was hältst du so krampfhaft in der Hand? Du hast wohl einen Schatz gefunden, den du nicht zeigen willst?«

Tarzisius erkannte die Gefahr und wollte schnell weitergehen. Aber was wollte er gegen die Übermacht der Straßenjungen tun? Zwei, drei der Ältesten traten ihm in den Weg, einer versperrte den Rückweg. Die anderen grölten nun links und rechts neben ihm. Noch nahmen die Erwachsenen keine Notiz von dem Vorgang. Erst als der starke Sekundus ihm mit einem Ruck die Tasche aus der Hand reißen wollte und das Kreuz darauf sah, als er wie von Sinnen schrie: »Ein Christ, ein Christ!«, da horchte man auf. »Nur nicht die Tasche loslassen«, dachte Tarzisius. »Jetzt nur nicht klein beigeben. Vielleicht geht alles schnell vorbei.«

Aber schon donnerte eine Faust ihm ins Gesicht. »Du bist ein Christ? Das hast du uns verheimlicht! Weißt du nicht, dass wir dich melden müssen?« Ein leichtes Taumeln erfasste ihn. »Zeig! Was hast du da bei dir?« – »Ich zeige es euch nicht«, war seine Antwort, und er krampfte die Hand noch fester um den Beutel. »Ihr versteht das doch nicht!« Mit aller Kraft stieß er den Großen zurück. »Das wollen wir sehen, wer keine Ahnung hat!« Und schon ging der nächste Hieb auf ihn nieder. Jetzt folgte Schlag auf Schlag. Und während Tarzisius sich zu wehren versuchte, grölte die Menge wie aus einem Mund: »Zeig es ihm, dem Verräter! Bring ihn um! Der Kaiser wird dir dafür einen Orden geben!« Jetzt waren es nicht mehr Fäuste, die ihn bearbeiteten, sondern Tritte von vielen Füßen. Als sich die Erwachsenen einzumischen versuchten, lag Tarzisius blutüberströmt, schon tot auf der Straße. Man hatte ihn erschlagen. Für diesen Herrn im Brot hatte er sein junges Leben geopfert. Noch immer hielt seine Hand den Beutel mit dem aufgestickten Kreuz.

Klemens Ullmann

Male hierhin einen Kelch mit einer Hostie darüber.

A 53

Heiliges Brot

Sei uns gegrüßt, du heiliges Brot.

Sei uns gegrüßt, du heiliges Brot.
Jesus Christus,
als du fortgingst
von deinen Jüngern,
hast du ihnen das Brot gebrochen
und gesagt: »Das ist mein Leib« –
und: »Ich bin bei euch alle Tage
bis ans Ende der Welt.«
Wir danken dir,
dass du
in diesem Zeichen des Brotes
auch heute bei uns bist;
in diesem weißen Scheibchen Brot,
das wir hüten
wie einen kostbaren Schatz.
Darum haben wir auch
einen so kostbaren Rahmen
um dieses Scheibchen Brot gemacht
aus Gold und Edelsteinen.

Sei uns gegrüßt, du heiliges Brot,
Jesus Christus,
wir haben dich kennen gelernt
durch andere Menschen,
die uns von dir erzählt haben,
und die so zu leben versuchten wie du.

Solche Menschen sind brot-nötig für uns.
Ja, Jesus, wir wissen,
dass es Menschen gibt,
die sind Brot für uns,
wie du, Jesus, Brot für uns bist.

Sei uns gegrüßt, du heiliges Brot.
Jesus Christus,
du hast gesagt,
wer mich
zu seiner täglichen Speise nimmt
der wird auch für andere
zu etwas Kost-barem.
Wenn wir dich in uns haben,
dann haben wir das Leben
und wir können dann auch anderen
das wahre Leben zeigen und schenken.
Lass uns so füreinander Stärkung
auf unserm gemeinsamen Weg werden
wie du die Speise ewigen Lebens
für uns bist.
Schenke uns dazu deinen Segen.
Sei uns gegrüßt, du heiliges Brot.

Hans Heinz Riepe nach Wilhelm Willms

Einführung

Symbolkreis Brot

Brot ist lebenswichtig für die Menschen in unseren Kulturkreisen. Viele Menschen unserer Gesellschaft können dies heute allerdings nicht mehr nachvollziehen, weil wir Brot und andere Nahrungsmittel im Überfluss haben. Gerade für Menschen in unserer Wohlstandsgesellschaft ist es deshalb wichtig, dieser elementaren Bedeutung auf den Grund zu kommen, um den Wert des Lebens wieder neu schätzen zu lernen. Vielleicht hilft dabei, dass in vielen Haushalten wieder selbst Brot gebacken wird.

So weit man die Geschichte des Brotes zurückverfolgen kann, wird deutlich, dass es immer mehr bedeutete als ein aus Teig gekneteltes Gebilde, das der Nahrung der Menschen dient. Im altorientalischen, antiken und christlichen Kulturraum steht Brot beispielhaft für alle feste Nahrung des Menschen.

Mit Brot und Wein wird von Anfang an verbunden, dass sie eine Gabe der Gottheit sind und zugleich Frucht der Erde und der menschlichen Arbeit, wie es auch heute noch in einem Hochgebet zur Messe heißt. Wenn vom Brot die Rede ist, dann ist all das mit gemeint, dessen der Mensch zum Leben bedarf. Deshalb war sowohl der Diebstahl von Brot verpönt als auch in vielen Kulturen die Verweigerung des Brotes, wenn jemand hungrig war oder als Gast ins Haus kam.

Die der Natur entstammenden Bilder von Ähre, Mehl und Brot symbolisierten die ständige Wandlung und Verwandlung alles Lebendigen. Sie sind Prozesse, in denen immer ein Seinszustand für den nächsten, den »besseren«, weil tatsächlich Leben spendenden geopfert werden muss. Deshalb ist die »Geschichte vom Brot«, wie sie in den meisten Vorbereitungen zur Erstkommunion vorkommt, zum Verstehen des eucharistischen Geheimnisses unerlässlich.

»Opferbrote« waren in den Kulturen und Kulten des Mittelmeerraumes weit verbreitet und die »Schaubrote« des alten Israel zeugen davon, dass Brot auch in rituellen Handlungen immer schon von Bedeutung war. Diese Opferbrote wurden von eigens dafür geschulten Bäckern hergestellt. Im altpersischen Mithraskult und auch in griechischen Mysterienkulten steht Brot im Mittelpunkt gottesdienstlichen Geschehens. Durch den Verzehr dieser Opferbrote glaubte man sich in besonderer Verbindung mit der Gottheit.

Auch in den Texten des Alten und Neuen Testamentes kommt dem Brot in vieler Hinsicht eine große Bedeutung zu. Von der lebenswichtigen Nahrung der Menschen über die Schaubrote im Kult des alten Israel bis hin zu den Aussagen Jesu »Ich bin das Brot des Lebens« und »Dieses Brot ist mein Leib«. In der Eucharistie schenkt sich Jesus selbst im Brot, wenn er sagt: »Nehmt und esst alle davon, das ist mein Leib, der für euch hingegeben wird.«

Symbolkreis Traube und Wein

Heutzutage wird Wein nicht mehr nur zu festlichen Angelegenheiten getrunken. Darüber kann man leicht vergessen, dass der Wein ein kostbares Getränk ist, das der Freude des Lebens Ausdruck verleiht.

Der Wein als kostbares Getränk ist den Menschen schon sehr früh bekannt. Im Alten Testament wird von Noah erzählt, der einen Weinstock pflanzt, daraus Wein herstellt und betrunken wird. Wein und andere berauschende Getränke wurden von vielen Kulturen als Mittel genommen, um in Ekstase zu geraten und darin eine besondere Nähe zu den Göttern zu erlangen.

Den Menschen war aber von Anfang an bewusst, dass dieser berauschende Trank nicht nur zur Ekstase führt, sondern auch das Verderben der Menschen bedeuten kann. Der griechische Gott Dionysos habe den Wein erfunden, erzählt die Sage, und die, die Dionysos folgen, werden vom Wahnsinn ergriffen, der Tod und Leben bedeuten kann.

Der Wein als Symbol des Lebens darf in vielen antiken Kulturen nur den Himmelsgottheiten geopfert werden. Im alten Ägypten ist Wein als Symbol des Lebens von so zentraler Bedeutung, dass der Keltergott Schesmu mit seinem Trank Tote zum Leben erwecken kann. Im Islam symbolisiert der Wein – ähnlich wie in der Bibel – die göttliche Liebe, aber auch die Erkenntnis und Lebensfülle.

Im eigentlichen Opferkult Israels gehört das Opfern des Weines zum Trankopfer. Dennoch ist es im alten Israel undenkbar, dass ein Fest ohne Wein stattfindet. Diese Einstellung findet sich in der Erzählung von der Hochzeit zu Kana im Johannnes-Evangelium. Der Wein wird damit zum Symbol und zur Quelle der Freude. Das Bild vom üppig blühenden Weinstock und Weinberg ist Zeichen des Wohlstands und des Reichtums.

Die Feste im Angesicht Gottes sind ohne Wein ebenfalls nicht denkbar, und so enthalten viele Riten Segenssprüche über Brot und Wein.

Das Bildwort Jesu vom Weinstock und den Reben schließlich beschreibt eine enge Verbindung untereinander und mit Christus, der »Heil« für das Leben der Menschen bedeutet.

Symbolkreis Fest

Fest und Feier sind kein eigentliches Symbol. Aber in vielen Texten, Erzählungen und auch in der Bibel werden sie zu Sinnbildern herangezogen. In den Festkreisen des Jahres, in den Festen des Lebens erfährt der Mensch seinen Lebensrhythmus.

In unseren Breiten sind Feste oft verkümmert – wir feiern zu oft und zu viel, aber der eigentliche Festanlass wird nicht mehr verstanden. Daher rührt auch die Diskrepanz bei vielen kirchlichen Festen, die Menschen heute noch feiern, ohne ihren Sinn wirklich für sich verinnerlicht zu haben.

Im Fest – so weit Menschen verstehen zu feiern – bringt der Mensch das zu feiernde Anliegen in seiner ganzen Ausdruckskraft zur Geltung: Musik und Tanz, szenische Darbietung, die Rede und nicht zuletzt das Festmahl sind wesentliche Bestandteile eines gelungenen Festes. Ein Fest ohne Gäste ist nicht denkbar.

Und so sind Feste auch immer Gelegenheiten, eine Gemeinschaft zu festigen und zu stärken, die Erinnerung an Vergangenes wach zu halten und für die Zukunft gemeinsame Dinge zu planen.

Es gibt keine menschlichen Kulturen, die ohne Feste auskommen. Da sind Feste, die das Leben der Gemeinschaft bestimmen: die Feste im Jahreskreis, die Leben oder Untergang für eine menschliche Gemeinschaft bedeuteten, z. B. Feste zur Aussaat, Feste, die sich um die Bitte um Regen, ein gutes Wachstum der Saat oder gute Jagdbeute rankten, Erntefeste und vieles mehr. Es gibt auch Feste, die die Erinnerung an ein »Heilsereignis« des Volkes bzw. der Sippe wach halten.

Bei den Israeliten beginnt das Paschafest z. B. mit der Frage des jüngsten anwesenden Sohnes: Wie war das damals, als die Israeliten aus Ägypten zogen? Der Hausvater erzählt dann diese Geschichte. In der Bibel wird von vielen Festen und Festvorschriften berichtet, die an die Taten Gottes für das Volk erinnern sollten. Aber auch die Naturreligionen tradierten ihre »Geschichte« vielfach in Form von Festen, hielten dabei in rituellen Maskentänzen oder anderen szenischen Darstellungen bzw. Erzählungen alte Sagen und Mythen wach.

Auch der Jahreskreis der christlichen Feste gibt das Wesentliche unseres Glaubens wider: Weihnachten, Ostern, Pfingsten, um nur die Wesentlichen zu nennen. Andere Feste sind dazu da, den Lebensrhythmus eines menschlichen Lebens zu feiern, der zunächst nur den Menschen selbst betrifft, aber mit ihm auch die ganze Gemeinschaft, in der er lebt: Geburtsfeste, Initiationsfeste beim Eintritt ins Erwachsenenleben, Hochzeitsfeste, Sterbefeste. In Abwandlungen werden diese Feste in fast allen menschlichen Kulturen gefeiert.

Allen Festen gemeinsam ist, dass sie bestimmten Riten unterliegen, die je nach Volk, Religion und Landschaft unterschiedlich sind. Gemeinsam ist Festen auch, dass in ihnen eine Verbindung von weltlichen und kultischen Handlungen stattfindet.

Erst unsere westliche Gesellschaft hat es manches Mal geschafft, die beiden Dimensionen des Religiösen und des Weltlichen voneinander zu trennen. Das Ergebnis sind oft sinnentleerte, entritualisierte »Partys«, auf denen der oder die eine mit dem oder der anderen nichts mehr anzufangen weiß. In Gesellschaften, die Religion und Glauben verboten haben, werden die religiösen Feste durch andere ersetzt und der Versuch gemacht, »Religion« durch »Staat« zu ersetzen.

Ein besonderes ritualisiertes Hochfest ist die Eucharistiefeier, das Abendmahl, das Christen feiern im Gedenken an das letzte Abendmahl Jesu. Es ist so wichtig, dass die katholische Kirche es täglich feiert.

In der Eucharistie schenkt sich Jesus selbst in Brot und Wein: »Das ist mein Leib, das ist mein Blut!«

Das Brot, das alle miteinander teilen und essen, wird zum Zeichen der Einheit, des Friedens und der Hingabe, der Wein zum Zeichen der Versöhnung und des Festes.

Symbolkreis Brot

A 1 Weizenkorn (Mandala)

Das Arbeitsblatt A 1 zeigt im Mandala das Werden vom Weizenkorn zur fruchtbaren Ähre. Es kann bei leiser Musik ausgemalt werden. Vorher bietet sich folgende Anschauungsübung an:

Körner in unserer Hand

Alle sitzen im Kreis. In der Mitte steht eine Schale mit Weizenkörnern und ein Strauß Ähren. L spricht:

Wir sehen in der Mitte Körner, Weizenkörner.
Früchte der Erde, aus diesen Ähren gewonnen.
Jede und jeder von uns nimmt sich nacheinander
in Stille eines dieser kleinen Weizenkörner
aus der Schale und legt es auf die Hand.

L reicht die Schale mit den Körnern im Kreis herum. Wenn alle ein Korn in der Hand haben, spricht L weiter:

Wir wiegen das kleine Korn in der Hand.
Es ist kaum spürbar.

Wir tasten es mit einem Finger der anderen Hand ab.
Behutsam, damit es nicht fällt.
Das kleine Korn ist hart und hat eine raue Schale.

Wie kann aus einem so winzigen Korn,
das hart und tot in unserer Hand liegt,
Leben wachsen,
das Millionen von Menschen
auf der ganzen Welt satt macht?

Und doch ist es wahr:
Diese Körner bergen Leben für viele.
Sie wachsen und reifen und bringen Frucht,
die Brot wird, Nahrung für viele.

Behutsam wollen wir das kleine Korn wieder in die Schale zurücklegen.

L reicht die Schale wieder herum und alle legen ihr Korn zurück.

A 2 Messlatte Weizenkorn

Das Arbeitsblatt A 2 bietet eine Messlatte für zuvor eingepflanzte Körner an. Man kann darauf einzeichnen, wie lang der Halm aus dem Korn schon gewachsen ist. Neben die Striche werden jeweils die Daten der Messtage geschrieben.

Weizenkörner einpflanzen

Blumenerde in Tontöpfe geben und einige Weizenkörner hineinpflanzen. Die Weizenkörner werden von den Kindern gepflegt und alle beobachten, wie das Weizenkorn wächst.

Weizenfeld

In einem Stück Garten Weizen einsäen und beobachten, wie er wächst.

Wie das Korn wächst

Einen Bauern besuchen, sich erklären lassen, was zum Wachsen der Saat nötig ist und welche Maschinen zum Säen und Ernten gebraucht werden.

Tücherspiel: Das Weizenkorn wächst

Miteinander wird überlegt, wie aus einem kleinen Korn eine volle Ähre wächst. Mit bunten Tüchern wird diese Geschichte dann gespielt. Die »Körner«, bedeckt mit ockerfarbenen Tüchern, lassen sich in die braune Erde verstreuen, der grüne Halm wächst, weil die Sonne scheint und es ab und zu regnet.

Verklanglichung: Die Geschichte vom Weizenkorn

Vorstellung	*Verklanglichung*
Die Erde	*Handtrommel*
Das kleine Korn	*Fingercymbeln*
Die Sonne scheint.	*Becken*
Regen fällt.	*Mit Fingerkuppen auf Trommel schlagen, Rumbarasseln*
Das Korn wächst und reift.	*Triangel*

Körperübung: Wachsen und reifen
Die Kinder gehen bei ruhiger Musik im Raum umher und suchen sich einen Platz, der ihnen gut tut. L spricht:

Wir wollen nachspüren, wie ein Weizenkorn
wächst und Frucht bringt.
Wir machen uns ganz klein.
Wir knien uns auf den Boden.
Wir beugen den Kopf tief.
Wir legen unser Gesicht
in die Schale der Hände.
Wir schließen die Augen.

Um uns ist es dunkel.
Eingehüllt von Erde
liegen wir im Boden.
Ein kleiner harter Kern.
Es braucht viel Zeit,
um unsere Schale zu durchdringen.
Es braucht viel Zeit,
um uns zu öffnen.

Aber es gelingt:
Der Regen,
die Feuchtigkeit der Erde,
die Wärme der Sonne
verwandeln uns.
Die Schale bricht auf.

Wir richten unseren Oberkörper langsam auf.
Ein kleiner grüner Halm
wächst der Sonne entgegen.

Licht zieht uns magisch an.
Wir wachsen immer weiter.
Wir stehen langsam auf.
Wir strecken unsere Arme
wie Halme
mit gefalteten Händen
nach oben.
Und wieder sind wir verwandelt.
Nicht mehr grün,
sondern gelb.
Frucht wächst an uns.

Die Frucht reift immer mehr heran.
Bis sie bereit ist,
sich wieder zu verwandeln,
wieder neu zu werden.
Sie reift bis zur Ernte.
Die Ähre wird schwer.

Wir neigen den Oberkörper
dem Boden zu.

Wir setzen uns auf den Boden
und denken bei leiser Musik
über die Verwandlungen des kleinen Weizenkorns nach.

Siehe zu diesem Thema auch:
Wachsen und reifen
In: Elsbeth Bihler, »Kommt und seht«, Werkbuch für Eltern und Kinder, Seite 92.

Vom Wachsen der Saat
In: Elsbeth Bilher, Symbolkreis »Himmel und Erde«, A 42

Das Gleichnis vom Sämann
In: Elsbeth Bilher, Symbolkreis »Himmel und Erde«, A 43
(Verklanglichung, Pantomime, Naturcollage)

A 3 Das kleine Korn und das große Wunder

Die Geschichte des Arbeitsblattes A 3 thematisiert das Staunen über das Wunder, wie schnell aus einem kleinen Weizenkorn eine große Menge Körner wird.

A 4 Das Schachbrett

Mit dem Arbeitsblatt A 4 können die Kinder den Gedanken der Geschichte von A 3 weiterführen und selber ausprobieren. Sie schreiben die Anzahl der Körner in die jeweiligen weißen Fächer:

1 / 2 / 4 / 8
16 / 32 / 64 / 128
256 / 512 / 1 024 / 2 048
4 096 / 8 192 / 16 384 / 32 768
65 536 / 131 072 / 262 144 / 524 288
1 048 576 / 2 097 152 / 4 194 304 / 8 388 608
16 777 216 / 33 554 432 / 67 108 864 / 134 217 728
268 435 456 / 536 870 912 / 1 073 741 824 / 2 147 483 648.

Es empfiehlt sich, zum Rechnen einen Taschenrechner hinzuzuziehen und die Kinder die Zahlen abschreiben zu lassen. Die Zahl ist nachher unvorstellbar groß.

A 5 Das kleine Korn

In der Geschichte A 5 geht es um den Geiz des Bauern, der von seinem Reichtum nur ein kleines Korn abgibt und sich hinterher ärgert, weil dieses verschenkte Korn in Gold verwandelt wurde. Das Lied unterstreicht diesen Gedanken und beschreibt das kleine Korn als Zeichen des Lebens. Es fordert auf, dieses Lebenszeichen weiterzugeben und zu teilen.
Im Unterrichtsgespräch wird das Verständnis der Geschichte zunächst geklärt und dann gemeinsam überlegt, wo wir selbst oder wo auch in unserer Umgebung Menschen geizig sind und deshalb viel vom Leben verpassen.
Als szenisches Spiel kann diese Geschichte von zwei Kindern nachgespielt werden.

Tanz: Das kleine Korn

Alle stehen gedrängt in der Mitte und kauern sich auf den Boden. Die Hände werden in der Mitte wie eine Schale zusammengeführt.

Takt 1–4: Langsam erheben sich alle und strecken die Arme mit geöffneten Händen nach oben.

Takt 5–6: Mit vier Schritten rückwärts nach außen auf die Kreisbahn gehen, dabei die Arme senken.

Takt 7–8: Die ausgestreckten Arme mit den Händen als Schale in einer Drehung nach außen zeigen.

Takt 9–12: Mit den Händen als Schale dreht jeder sich um sich selbst.

Takt 13–16: Alle fassen die Hände durch und gehen rechts herum im Kreis, im letzten Takt zurück in die Mitte (Ausgangsposition).

A 6 Die Geschichte vom Hamster

Das Arbeitsblatt A 6 erzählt die Geschichte vom Hamster, der so viel Vorrat hortet, dass er vor lauter Reichtum keinen Platz zum Schlafen mehr findet. Im Gespräch wird erarbeitet, dass es vielen Menschen in unserer Gesellschaft, ja auch uns selbst ähnlich geht, dass wir immer mehr haben müssen. Die Kinder benennen entsprechende Dinge und schreiben sie unter die Geschichte auf das Arbeitsblatt. In einem nächsten Schritt überlegen sie, wie man auch Freude haben kann, wenn man von diesen Dingen weniger hat.

A 7 Das Weizenkorn muss sterben

Das Arbeitsblatt A 7 führt in Text, Lied und Schrifttext in den Vergleich des Weizenkorns, das sterben muss, um neues Leben hervorzubringen, mit dem Tod und der Auferstehung Jesu ein.

Der Text vom Weizenkorn, das nicht sterben wollte, beschreibt die Nutzlosigkeit und Vergänglichkeit eines solchen Daseins. Der Bibeltext überträgt das Bild vom Sterben und Fruchtbringen auf die Person Jesu; das Lied führt den Schrifttext noch weiter auf das »Füreinander-Leben« der Menschen hin, die Jesus nachfolgen.

Tabelle zum Unterrichtsgespräch

Weizenkorn	Jesus	Wir
Wird gesät	Heilt Menschen	Setzen uns ein für andere
Fällt in den Boden	Stirbt	Geben ab: Zeit / Dinge / Geld
Wächst und bringt Frucht	Wird auferstehen und uns ewiges Leben schenken	Werden Freude haben an dem, was wächst, weil wir etwas abgegeben und unsere Fähigkeiten eingesetzt haben

Bilder zum Lied

Für jede Strophe des Liedes ist ein Poster vorgesehen:
Str. 1: Das Weizenkorn, das in die Erde gelegt wird und zum Halm wächst,
Str. 2: Kreuz,
Str. 3: Hostienschale mit großer Hostie oder ein Brot,
Str. 4: Menschen, die einander helfen.

Es können auch andere Ideen aus dem Betrachten und Besprechen der Strophen erwachsen.

Tanz: Das Weizenkorn muss sterben

Alle stehen im Kreis.

1. Strophe:
Takt 1–4: Alle gehen in die Mitte und kauern sich hin.
Takt 5–8: Alle fassen sich an den Händen und gehen rückwärts nach außen.
Takt 9–10: Die Handfassung lösen, die Hände vor dem Körper zu einer Schale führen.
Takt 11–12: In die Hocke gehen, dann aufrichten und die Arme nach oben führen.

2. Strophe:
Takt 1–4: Alle breiten die Hände aus, sodass sie wie ein Kreuz dastehen, und führen dann die Arme ausgestreckt nach vorne.
Takt 5–8: Die Arme zurückführen und in die Hocke gehen, dort dann unten bleiben und Refrain wie oben.

3. Strophe:
Takt 1–4: Rechts herum im Kreis gehen.
Takt 5–8: Um sich selbst drehen, am Ende in die Hocke gehen (Refrain wie oben).

4. Strophe:
Takt 1–4: Rechts herum im Kreis gehen, Hände durchgefasst.
Takt 5–8: Links herum im Kreis gehen.

A 8 Die beiden Brüder

Das Arbeitsblatt A 8 ist eine Gegengeschichte zu den Geschichten von A 5 und A 6. Im Unterrichtsgespräch wird erarbeitet, warum Gott bei diesen beiden Brüdern wohnen möchte und ob es auch heute Menschen gibt, die wie sie handeln. Das Ergebnis schreiben die Kinder auf das Arbeitsblatt.

A 9 Der Traum des Pharao

Das Arbeitsblatt A 9 erzählt die Geschichte vom Pharao, der von sieben vollen und sieben leeren Ähren träumt und sich von Josef die Träume deuten lässt. Im Zusammenhang mit dieser Geschichte kann mit den Kindern besprochen werden, wo in unserer heutigen Welt Menschen Hunger leiden und wie andere Menschen versuchen, den Hungernden zu helfen.

Kommentar *Symbolkreis Brot*

A 10 Brot (Mandala)

Das Arbeitsblatt A 10 stellt die Geschichte vom Brot als Mandala dar: in der Mitte die Mühlsteine, die das Korn zu Mehl mahlen. In vier gleiche Teile geteilt ist das Mandala durch die großen Feuerflammen, dazwischen die Säcke mit dem fertigen Mehl. Den Rand bilden viele fertig gebackene Brote. Nachdem über die Geschichte des Brotes gesprochen wurde, können die Kinder das Mandala bei ruhiger Musik ausmalen.

Siehe zu diesem Thema auch:
Die Geschichte vom Brot
In: Elsbeth Bihler, »Kommt und seht«, Werkbuch für Eltern und Kinder, Seite 93.

Verklanglichung: Die Geschichte vom Brot

Das Korn wird geerntet.	*Klanghölzer*
Das Korn wird gemahlen.	*Rasseln*
Das Mehl wird zu Teig.	*Cymbeln*
Das Brot wird gebacken.	*Xylophon und Glockenspiel*

Brot backen
Miteinander ein Brot backen, nach Möglichkeit die Körner dafür selbst in einer Getreidemühle mahlen. Hinterher das Brot miteinander teilen und essen.

Stockbrot
Einen einfachen Brotteig herstellen. Miteinander ein Lagerfeuer machen. Jede/r sucht sich einen Stock, der gesäubert wird. Das eine Ende wird mit Teig umwickelt, der zum Backen über das Feuer gehalten wird.

A 11 Ein Brot erzählt

Im Arbeitsblatt A 11 erfahren die Kinder noch einmal, wie Brot wird und wie wichtig es für das Zusammenleben und das Leben der Menschen überhaupt ist.
Gemeinsam überlegen, was durch das Brot in der Geschichte bewirkt wird. Die Ergebnisse werden an der Tafel festgehalten, sodass die Kinder sie auf das Arbeitsblatt übertragen können.

Siehe zu diesem Thema auch:
Brot in deiner Hand
In: Elsbeth Bihler, »Kommt und seht«, Werkbuch für Eltern und Kinder, Seite 94/95.

A 12 Brot ist heilig

Das Arbeitsblatt A 12 bietet drei Texte und ein Lied zum Thema Brot an: vom Empfinden beim Essen des Brotes über die Erkenntnis, dass es nicht nur gut aussieht, riecht und schmeckt, sondern auch den Hunger stillt. Allerdings können nur Menschen, die wissen, was Hunger bedeutet, auch den Wert eines Brotes schätzen.

Die Texte werden miteinander gelesen und daraufhin untersucht, was über das Brot ausgesagt wird. Die unterschiedlichen Aussagen werden zu einem Tafelbild zusammengefasst und können mit den eigenen Erfahrungen verglichen werden.

Stilleübung: Brot in der Hand
Alle sitzen im Kreis. In der Mitte liegt ein Brot, das leicht zu teilen ist (Fladenbrot, Baguette, ...). L spricht:

Wir sehen das Brot in der Mitte.
Es bedeutet Nahrung für viele.

Wenn wir es miteinander teilen,
bedeutet es Gemeinschaft unter uns.
Wenn wir es essen und dabei an jemanden denken,
wird es zum Brot der Gemeinschaft mit den vielen.

Wir reichen das Brot herum und brechen es.
Jeder behält sein Stück in der Hand.

Das Brot wird herumgereicht.

Wir schauen es an, dieses kleine Stückchen Brot.
Wir riechen daran
und nehmen seinen Geruch in uns auf.
Wir essen das Brot und schmecken es.

Während wir kauen und essen,
schließen wir die Augen.
Wir denken an jemand, der uns nahe ist.

Wir erinnern uns an Menschen,
mit denen wir Brot gebrochen haben.

Dieses kleine Stückchen Brot wird für uns
zum Brot der Erinnerung.

Reißbild: Ein kleines Brot
Material: großer Bogen farbiges Tonpapier, viel bräunliches, ockerfarbenes und beiges Tonpapier, Klebstoff, Bleistift
Der Text wird vorgelesen. Jede/r zeichnet die Skizze eines Brotes. Die nach Meinung der Gruppe beste Skizze wird auf das große Tonpapier übertragen, die farblichen Abstimmungen miteinander besprochen. Das Tonpapier in bräunlichen Farben wird in kleine Schnipsel gerissen. Die einzelnen Farbflächen werden auf der großen Skizze mit Klebstoff bestrichen und die Schnipsel in der entsprechenden Farbe aufgeklebt.

Nach der Melodie des Liedes »Das kleine Korn in unserer Hand« (siehe Seite 10) kann auch »Das kleine Brot in unserer Hand« besungen und getanzt werden.

Tanz: Das kleine Brot in unserer Hand
Die Tänzer/innen stehe zu zweit voreinander auf der Kreisbahn. Sie halten die Hände wie eine Schale vor sich.

Takt 1–4: Die Hände werden in Form der Schale nach oben geführt.
Takt 5–6: Die Schale wird wieder zurück vor den eigenen Körper gehalten.
Takt 7–8: Mit einer Geste des Gebens wird die Schale dem Partner/der Partnerin gereicht.
Takt 9–16: Bewegungen von Takt 1–8 wiederholen.

Tanz: Danke für das Brot!
Aufstellung im Kreis, in der Mitte liegen verschiedene Brote.

Takt 1:	Alle weisen mit den Händen in die Mitte des Kreises.
Takt 2:	Alle heben die Hände nach oben, die Arme dabei öffnen.
Takt 3–6:	Alle reichen sich die erhobenen Hände und schreiten rechts herum.
Takt 7–8:	Wie Takt 1–2.

A 13 Der Wert eines Brotes

Das Arbeitsblatt A 13 macht in der Geschichte den unterschiedlichen Stellenwert eines Brotes im Leben der Menschen deutlich. Die Ergebnisse des Unterrichtsgesprächs werden zunächst an die Tafel geschrieben und dann auf dem Arbeitsblatt eingetragen.

Das Lied greift die elementare Bedeutung des Brotes für die Menschen heraus: nicht nur in dem Sinn, dass sie satt werden, sondern dass Brot unser Leben bestimmt und sich Gott uns deshalb in der Form des Brotes schenkt. Die Inhalte der einzelnen Strophen werden besprochen und den Kindern zugänglich gemacht.

Karikatur: Der Wert eines Brotes
Material: Bleistift und Buntstifte, Papier, Lineal
Das Papier wird in so viele Szenen eingeteilt, wie sie im Text vorkommen. Die einzelnen Stationen, an denen das Brot feilgeboten wird, und die Reaktion darauf werden im Karikaturstil in die einzelnen Kästchen gezeichnet und bunt gemalt.

Stilleübung: Das Brot, aus der Erde gewonnen
In der Mitte steht ein Korb mit Brotstückchen. Alle sitzen im Kreis und reichen den Korb herum. Jedes Kind nimmt sich Stück Brot.
Das Lied wird gesungen, dabei das Brot in der Hand angeschaut. Während das Brot gegessen wird, wird die Melodie weiter gesummt.

Collage zum Lied
Material: großer Bogen Papier, Klebstoff, Bilder und Titelzeilen zum Thema aus Zeitschriften, Buntstifte und Blätter zum Malen und Schreiben
Die Kinder gestalten aus Zeitungsbildern, Titelzeilen und eigenen Bildern zu jeder Strophe des Liedes eine Collage.

A 14 Die Waage des Königs

Die Geschichte auf dem Arbeitsblatt A 14 erzählt, wie Brot durch Teilen an Wert gewinnt, nicht etwa weniger wird. Sie eignet sich gut als Ergänzungsgeschichte zur biblischen Erzählung von der Brotvermehrung (siehe A 20). Den Kindern kann sie erschlossen werden, indem man zunächst eine alte Waage mit zwei Waagschalen mitbringt, zeigt und ausprobiert. Im Gespräch wird dann erarbeitet, warum das Brot des jungen Mannes jeden anderen Reichtum aufwiegt.

Danach können die Kinder die Geschichte szenisch darstellen.

A 15 Brot vom Himmel

Das Arbeitsblatt A 15 erzählt in Wort und Bild vom Brot, das dem Volk Israel in der Wüste von Gott geschenkt wird. Im Gespräch kann darauf hingewiesen werden, dass in der volkstümlichen Vorstellung die heutige Hostienform diesem »Brot vom Himmel«, dem Manna nachempfunden ist. Wenn es möglich ist, kann man in der Nähe eine Hostienbäckerei besichtigen.

Lied: Brot vom Himmel

T und M: Reinhard Horn

Tanzbeschreibung
Alle hocken im Kreis eng zusammen in der Mitte.
Zeile 1: Die Hände werden bittend als Schale nach oben gestreckt, dabei stehen alle langsam auf.
Zeile 2: Die Arme werden seitlich als Kelch geführt, dabei weitet sich der Kreis rückwärts nach außen.
Zeile 3: Alle drehen sich nach außen und strecken den außen Sitzenden die Hände entgegen.
Zeile 4: Alle drehen sich nach innen und reichen sich die Hände.
Zeile 5: Alle gehen langsam wieder zur Mitte (Hände bleiben gefasst) und hocken sich wieder hin.

Stilleübung: Brot zum Leben
Alle sitzen im Kreis. In der Mitte steht eine Schale mit Hostien. L spricht:

In der Mitte sehen wir eine Schale mit Hostien.
Hostien sind Brot.
Die Israeliten haben in der Wüste nach Brot geschrieen.
Sie hatten Hunger.
Sie wollten überleben.
Sie hatten Angst, ihr Leben zu verlieren.
Gott hat ihnen Brot vom Himmel zu essen gegeben.

Feines, weißes, knuspriges Brot.
Jetzt brauchten sie keinen Hunger mehr zu leiden.
Gott sorgt für sein Volk.
Wir haben auch oft Hunger.
Hunger nach immer mehr.
Hunger danach, lieb gehabt zu werden.
Hunger nach Freundschaft. Hunger nach Frieden.
Gott möchte uns auch diesen Hunger stillen.
Wir geben die Schale mit Hostien herum.
Jedes Kind darf sich eine Hostie nehmen.
Wir legen sie auf die Hand und schauen sie an.

Die Schale mit den Hostien wird herumgereicht.

Wir schauen auf das kleine Scheibchen Brot.
Im Gottesdienst wird aus diesem Brot Leib Christi.
Das heißt: Gott möchte uns ganz nah sein.
Gott möchte unseren Hunger nach Leben stillen.

Im Anschluss an die Stilleübung werden die Kinder aufgefordert, mit geschlossenen Augen das Scheibchen Brot zu essen. Dabei evtl. leise Musik laufen lassen.

Siehe zu diesem Thema auch:
Elija in der Wüste
In: Elsbeth Bihler, Symbolkreis «Wüste/Wasser/Boot», A 5

A 16 Eine Brotlandschaft

Das Arbeitsblatt A 16 zeigt das Bild »Brotrede« von Sieger Köder. Zur Bildbetrachtung bietet es sich an, das Bild zunächst gemeinsam als Dia oder als kleines buntes Handbild zu betrachten, um zu entdecken, in welcher Form hier Brot zu sehen ist. (Bezugsadresse: Rottenburger Kunstverlag VER SACRUM, 72108 Rottenburg am Neckar)

Bildbetrachtung: Brotlandschaft
Die Kinder schauen sich das Bild an und beschreiben, was sie sehen. Miteinander überlegen sie, welche Brotsorten sie erkennen.
Wichtig ist der Austausch über die Hostie, die sie aus dem Gottesdienst kennen, und die Erklärung, dass dieses Brot wie alles Brot zu unserem Leben beiträgt. Und dass Gott es ist, der uns dieses Brot, sich selbst schenkt.
Danach überlegen alle, welche Brotsorten sie noch kennen. Beides wird auf dem Arbeitsblatt eingetragen und anschließend malen die Kinder das Bild bunt.
Das Bild kann auch mit farbigen Tüchern und Naturmaterialien nachempfunden und gelegt werden.

Spiel: Brotsorten
Einem/Einer Mitspieler/in werden die Augen verbunden. Er/Sie bekommt einen Teller mit Stückchen der unterschiedlichsten Brotsorten vorgesetzt. Diese Brotsorten müssen am Geschmack erraten werden.

Collage: Brotsorten
Material: Zeitschriften, Scheren, Klebstoff, großer Bogen Papier
Aus den Zeitschriften und Reklamen werden die unterschiedlichsten Brotsorten herausgeschnitten und so auf dem großen Bogen Papier verteilt, dass eine Gesamtkomposition entsteht. Dann werden die einzelnen Bilder entsprechend aufgeklebt.

A 17 Das Brot des Glücks

Das Arbeitsblatt A 17 greift noch einmal den Gedanken des Teilens auf und führt ihn weiter in der Aussage, dass das Teilen glücklich und zufrieden macht. Die Kinder malen in die Kästchen die unterschiedlichen Stationen der Geschichte und arbeiten heraus, wo das Brot des Glücks zu finden ist.

Szenisches Spiel: Das Brot des Glücks
Die Geschichte wird vorgelesen und dabei von einigen Kindern nachgespielt: der König, der seinen Sohn wegschickt, die vielen Backstuben, in denen dieser nach dem Brot des Glücks fragt, und das Kind, das ihm begegnet und teilt. Am Ende der Szene teilt das Kind, das den Königssohn gespielt hat, mit allen ein Brot.

Siehe zu diesem Thema auch:
Brot in deiner Hand
In: Elsbeth Bihler, »Kommt und seht«, Werkbuch für Eltern und Kinder, S. 94–95.

A 18 Die Brote von Stein

Die Geschichte des Arbeitsblattes A 18 erzählt zunächst, was geschieht, wenn man Brot nicht teilt. Die Kinder werden danach aufgefordert zu überlegen, welche Dinge sie im Überfluss besitzen und was sie davon abgeben könnten, damit sie selbst zu teilen lernen.

Puppenspiel: Die Brote von Stein
Aus einfachen Mitteln (Kochlöffel und Stoffreste o. Ä.) Puppen für das Spiel basteln oder vorhandene Kasperlepuppen verwenden. Die Geschichte lesen und dann mit den Puppen nachspielen.

Verklanglichung: Die Brote von Stein

Vorstellung	*Verklanglichung*
Die arme Frau	*Melodie auf dem Xylophon*
Die reiche Frau	*Melodie auf dem Metallophon*
Weinen	*Langsame Rumbarasseln*
Brote zu Stein	*Holzblocktrommeln*
Die reichen Kinder	*Glockenspiel*
Brot	*Handtrommel mit Watteschlegel*

A 19 Steine und Brot

Das Thema Steine und Brot findet sich auch in der biblischen Perikope von der Versuchung Jesu in der Wüste wieder. Das Arbeitsblatt A 19 greift diese Perikope in einer Besinnung auf. Die Kinder überlegen, was hart wie Stein ist und was Brot bewirkt.

Symbolkreis Brot — Kommentar

A 20 Brotvermehrung

Das Arbeitsblatt A 20 erzählt die biblische Geschichte von der Speisung der Fünftausend nach dem Johannes-Evangelium. Diese Szene wird im Lied aufgegriffen.

Pantomimespiel

Vor dem Spiel wird festgelegt, wer Jesus darstellt und wer die Freunde Jesu. Alle Kinder gehen durch den Raum. Sie geben sich dabei die Hände. L macht darauf aufmerksam, wie viele Kinder da sind.
Alle Kinder bleiben im Kreis stehen und schauen in die Mitte. L spricht:

Hier ist eine Wüste.

L legt ein Tuch in »Wüstenfarben« in die Mitte.

Als Jesus in der Wüste war,
da sind ihm viele Menschen gefolgt.
Viel mehr, als hier Kinder im Raum sind.
Die Menschen haben Hunger.
Jesus sagt zu seinen Freunden: Gebt ihnen zu essen.

Jesus macht eine »gebende« Geste.

Die Freunde Jesu sagen:
Wir haben nur fünf Brote und zwei Fische.

Fünf »Brote« und »zwei Fische« werden auf die Wüstentücher gelegt, die Freunde Jesu zeigen darauf und heben hilflos die Schultern.

Jesus sagt: Verteilt es an die Menschen.
Wenn alle teilen, wird es reichen.

Jesus zeigt auf die Menschen ringsum, die Freunde Jesu mischen sich unter die anderen und verteilen pantomimisch Brot.

Die Freunde Jesu verteilen Brot und Fisch.
Alle Menschen essen.
Alle Menschen werden satt.
Jesus, seine Freunde und die Menschen danken Gott.

Zum Schluss wird ein Danklied gesungen.

Legespiel

Text	Gestaltung
Hier siehst du in der Mitte eine Wüste.	*Tücher in Wüstenfarben werden in die Mitte gelegt.*
Jesus ist in der Wüste. Seine Freunde sind bei ihm. Sie wollen sich ausruhen.	*Eine Jesuskerze wird in die Mitte auf die Tücher gestellt. Zwölf bunte Bausteine werden um die Jesuskerze gelegt.*
Aber viele tausend Menschen sind ihnen gefolgt. Sie wollen Jesus hören. Jesus spricht zu ihnen.	*Viele kleine Steine werden in die Wüste gelegt.*
Es wird Abend.	*Um die Wüste werden dunkle Tücher gelegt.*
Jesus sagt zu seinen Freunden: Die Menschen haben Hunger. Gebt ihnen etwas zu essen. Die Freunde sagen: Wir haben nichts. Doch, sagt einer, da ist ein kleiner Junge. Der hat fünf Brote und zwei Fische. Jesus sagt: Bringt sie her!	*Fünf Brötchen oder aus Tonpapier geschnittene Brote und zwei aus Tonpapier geschnittene Fische werden in die Mitte zu Jesus gelegt.*
Jesus segnet das Brot und den Fisch.	*Alle machen ein Kreuzzeichen.*
Dann sagt er zu den Menschen: Setzt euch in Gruppen zusammen. Und zu seinen Freunden sagt er: Verteilt das Brot und den Fisch. Die Freunde verteilen das Brot.	*Die Steine werden in fünf kleine Kreise gelegt.* *In jeden der Kreise wird ein Brötchen gelegt.*
Jesus spricht das Dankgebet. Dann essen alle und teilen miteinander. Alle werden satt.	*Die Kinder werden in fünf Gruppen unterteilt, die sich ein Brötchen teilen und es essen.*
Jesus sagt: Wenn die Menschen teilen, dann werden alle satt. Sammelt alles ein, was übrig geblieben ist. Die Freunde gingen und sammelten die Brotreste ein. Es waren zwölf Körbe voll.	

Tanzspiel: Als Jesus in der Wüste war

1. Str.: Alle gehen durcheinander im Raum umher.
2. Str.: Jesus winkt alle zu sich und macht eine Geste des Teilens, die von allen übernommen wird.
3. Str.: Alle hocken sich in kleinen Kreisen zusammen und machen die Geste des Essens.
4. Str.: Alle reiben sich die Bäuche zum Zeichen dafür, dass sie satt sind.
5. Str.: Alle stehen auf, machen einen großen Kreis und gehen rechts herum, bei der Wiederholung des letzten Teils links herum.

A 21 Brot und Rosen

Das Arbeitsblatt A 21 stellt in Text und Lied die heilige Elisabeth vor, die ihr Brot mit den Armen geteilt hat und deshalb von den Menschen ihres Standes verstoßen wurde. Beim Erzählen dieser Geschichte können zwei Körbe in der Mitte stehen, die mit Tüchern abgedeckt sind. In einem sind Brötchen oder Fladenbrote, im anderen Rosen, für jedes Kind eine.
Neben den beiden Körben ist ein blaues Tuch ausgebreitet. Darauf wird zunächst ein Stück Brot gelegt und alle

dürfen sagen, was ihnen zu diesem Brot einfällt. Dann wird aus dem anderen Korb eine Rose zu dem Brot gelegt, und auch dazu äußern sich die Kinder spontan.
Jetzt wird die Geschichte vorgelesen. Dabei werden die beiden Körbe entsprechend aufgedeckt.
Im Unterrichtsgespräch wird herausgearbeitet, was das Brot und was die Rosen für die armen Menschen bedeuten.

Brot	Rosen

Reißbild Brot und Rosen
Material: großer Bogen Papier, buntes Papier in Brauntönen, Rot und grün, Klebstoff
Die Vorlage wird gezeichnet (evtl. vergrößert nach dem Bild auf dem Arbeitsblatt). Das bunte Papier wird in kleine Schnipsel gerissen und auf die Vorlage geklebt, sodass ein schönes Gemeinschaftsbild von Brot und Rosen entsteht.

Tanz: Wenn das Brot, das wir teilen
Aufstellung: Im Kreis, Front zur Kreismitte, die Hände vor dem Körper wie ein Schale.

Takt 1–2: Drehung nach außen, die Arme mit den zur Schale geformten Händen nach vorne führen, dann die Arme nach oben ausbreiten wie eine Blume, die sich öffnet.
Takt 3–4: Drehung wieder zurück, die Hände zum Kreis durchfassen und die Arme heben.
Takt 5–8: Mit erhobenen Armen rechts herum im Kreis gehen.
Takt 9–10: Mit erhoben Armen links herum im Kreis gehen.
Takt 11–14: Handfassung lösen, Arme nach oben ausbreiten. Jede/r dreht sich um sich selbst und bewegt sich dabei auf der Kreisbahn vorwärts.

A 22 Unser täglich Brot

Das Arbeitsblatt A 26 greift den Ausdruck »Unser täglich Brot« aus dem Vaterunser auf. Der Text wird miteinander gelesen, erklärt und gedeutet. Gemeinsam wird überlegt, welche Dinge wir brauchen »wie das tägliche Brot«. Sie werden zunächst an die Tafel geschrieben und dann mit bunten Stiften auf die Linien des Brotes auf dem Arbeitsblatt übertragen.
Das Vaterunser miteinander beten.

Collage: Arm und reich
Material: Zeitungsausschnitte und Titelzeilen von der Not und dem Hunger in der Welt sowie vom Überfluss, großer Bogen Papier, Scheren
Die Zeitungsausschnitte und Bilder durchsehen, sortieren und zu einer Gegensatzcollage auf den großen Papierbogen legen. Wenn alle mit der Gestaltung zufrieden sind, werden die Teile aufgeklebt.

Siehe zu diesem Thema auch:
Beten wie Jesus
In: Elsbeth Bihler, »Kommt und seht«, Werkbuch für Eltern und Kinder, S. 55

A 23 Brot und Wein

Das Arbeitsblatt A 23 leitet über zum Thema Wein, weil Brot und Wein im Hinblick auf die Eucharistie meist im Zusammenhang gesehen werden.

Stilleben: Brot und Wein
Material: ein Brot, eine geöffnete Flasche Wein, Weintrauben, ein Glas mit Wein, ein Tisch mit einfarbigem Tischtuch, Wasserfarben, Papier, Pinsel, Bleistift
Die Gegenstände (oder die Bilder des Arbeitsblattes) werden auf einem Tisch so angeordnet, dass ein harmonisches Gesamtbild entsteht. Mit dem Bleistift wird eine Skizze angefertigt und dann das »Stilleben« mit Wasserfarben gemalt.

Lied: Weizenkörner, Trauben

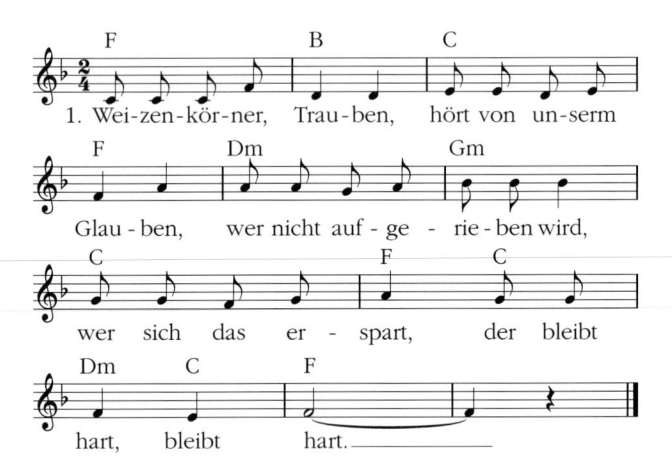

1. Wei-zen-kör-ner, Trau-ben, hört von un-serm Glau-ben, wer nicht auf-ge-rie-ben wird, wer sich das er-spart, der bleibt hart, bleibt hart.

T: Wilhelm Willms, M: Ludger Edelkötter

Tanz: Weizenkörner, Trauben
Alle stehen im Kreis.
Takt 1–4: Mit vier Beistellschritten (re seit, li daneben stellen) rechts herum gehen.
Takt 5–8: Vier Schritte in die Mitte stampfen, vier Schritte zurück.
Takt 9–11: Auf der Stelle treten, beim letzten Stampfen still stehen bleiben.

Bilderbuch: Die Geschichte von Brot und Wein
Material: festes schwarzes Tonpapier, farbiges Glanzpapier, Schere, Klebstoff, Wolle, Locher
Gemeinsam das Werden und Wachsen von Brot und Wein besprechen und die einzelnen Abschnitte parallel aufschreiben. Aus farbigem Glanzpapier die einzelnen Bildteile aufzeichnen und ausschneiden. Die Geschichte von Brot und Wein entsteht parallel, z. B. wird auf der linken Seite das Wachsen der Ähre dargestellt, auf der rechten der treibende Weinstock.
Die einzelnen Blätter werden in der richtigen Reihenfolge hintereinander gelegt, gelocht und mit einem gedrehten oder geflochtenen Wollband zusammengeheftet.

Symbolkreis Trauben und Wein

A 24 Weinstock (Mandala)

Das Arbeitsblatt A 24 zeigt ein Mandalabild als Weinstock, das die Kinder bei ruhiger Musik ausmalen können, nachdem sie über das Wachsen und Werden des Weines gesprochen haben.

Wollfadenbild: Weinstock
Material: Wolle in Grün, Braun und Blau-lila, Teppichreste, Schüssel mit Wasser
Auf die Teppichfliesen wird aus Wollfäden das Bild eines Weinstocks gelegt. Vorher müssen die Fäden angefeuchtet werden, damit sie auf dem Teppich haften. Wichtig ist, dass die Wollfäden dicht an dicht gelegt werden, damit die Farben wirken können.

Siehe zu diesem Thema auch:
Die Geschichte vom Wein
In: Elsbeth Bihler, »Kommt und seht«, Werkbuch für Eltern und Kinder, S. 97.

Verklanglichung: Die Geschichte vom Wein

Vorstellung	Verklanglichung
Der Weinstock	Holzblocktrommel
Die Sonne scheint.	Becken
Regen fällt.	Mit Fingerkuppen auf Trommel schlagen, Rumbarasseln
Der Weinstock treibt, die Frucht reift.	Triangel
Der Wein wird geerntet.	Handtrommel
Der Wein kommt in die Kelter.	Klanghölzer und Rasseln
Der Wein gärt und wird klar.	Langsam sich steigernde Töne auf dem Metallophon

A 25 Der Weinberg

Das Arbeitsblatt A 25 erzählt in einer Geschichte, wie der Winzer seinen Weinberg und jeden einzelnen Weinstock hegt und pflegt.

Wie der Wein wächst
Einen Winzer besuchen und sich erklären lassen, wie der Wein wächst. Die entsprechenden Maschinen, Weinkeller und Fässer besichtigen.
Falls dieser Ausflug nicht möglich ist, das Entstehen des Weins in einem Kurzfilm oder einer Diareihe zeigen.

A 26 Weinberge

Das Arbeitsblatt A 26 stellt zwei Bibelstellen aus dem Buch Jesaja vor, in denen das Volk Israel mit dem »Weinberg Gottes« gleichgesetzt wird. Im ersten Text wird der Vergleich mit einem Weinberg gezogen, der keine Frucht bringt und den der Herr deshalb der Verwüstung preisgibt. Im zweiten Text wird eine positive Zukunft beschrieben, in dem der Weinberg prächtig gedeiht.
Die beiden Texte werden gelesen und miteinander verglichen. Die Aussagen werden in eine Tabelle nebeneinander geschrieben:

Jesaja 5,1–7	Jesaja 27,2-6

Die Ergebnisse tragen die Kinder rechts und links des Bildes auf dem Arbeitsblatt ein.

A 27 Die Arbeiter im Weinberg

Das Arbeitsblatt A 27 erzählt die Perikope der Arbeiter im Weinberg nach dem Matthäus-Evangelium. Die Kinder lesen in verteilten Rollen, was der Arbeiter der ersten Stunde und was der Arbeiter der letzten Stunde zu dem Verhalten des Herrn sagt:

Der Arbeiter der ersten und der letzten Stunde
Der Arbeiter der ersten Stunde denkt: Dieser Herr weiß wirklich nicht, was er tut! Ich muss ehrlich sagen, ich bin sauer. Und ich habe allen Grund dazu. Da rackere ich mich den ganzen Tag in der Hitze des Weinbergs ab, und dann bekomme ich nur einen Denar. Und die anderen da, die erst in der letzten Stunde gekommen sind, kurz vor Feierabend, die bekommen dasselbe! Das ist doch ungerecht! Sicher, einen Denar hatte mir der Herr versprochen. Aber wenn er schon diesen Letzten einen Denar zahlt, hätte ich mehr verdient!
So sagt der Arbeiter der ersten Stunde. Und wir können ihn verstehen. Aber hören wir einen Arbeiter der letzten Stunde.
Der Arbeiter der letzten Stunde denkt: Dieser Herr ist großartig: Diese Güte, diese Großzügigkeit! Ich muss schon sagen, ich bin begeistert. Und ich habe allen Grund dazu. Nicht nur, dass er mich kurz vor Arbeitsschluss noch eingestellt hat! Er hat mir auch denselben Lohn gegeben, wie wenn ich den ganzen Tag gearbeitet hätte. Einen ganzen Denar! Das habe ich nicht verdient. Dieser Herr ist nicht nur gerecht, er ist mehr als das zu mir gewesen. Er hat mich beschenkt. Er ist ein gütiger Herr.

Helmut Heiserer

Anschließend versuchen die Kinder, sich in diese Rollen hineinzuversetzen und ihre eigenen Empfindungen dazu zum Ausdruck zu bringen. Danach kann das Besprochene in einem Rollenspiel oder einer Pantomime vertieft werden.

Rollenspiel: Arbeiter im Weinberg
Das Evangelium wird langsam vorgelesen. Eine/r spielt den Herrn, andere die Arbeiter, die sich anwerben lassen. Eine/r nimmt die Spieluhr aus der Mitte in die Hand. In jeder Szene wird sie auf die entsprechende Zeit eingestellt. Am Ende sprechen einige der ersten Arbeiter den Text des Arbeiters der ersten Stunde. Einige der letzten Arbeiter sprechen den Text des Arbeiters der letzten Stunde.

Gedankenblasen
Auf ein Blatt (oder Tafel/TLP) werden zwei Menschen gemalt mit zwei großen »Gedankenblasen«. Gemeinsam wird überlegt, was die Arbeiter der ersten und die Arbeiter der letzten Stunde wohl denken. Die Ergebnisse werden in die Gedankenblasen geschrieben.

A 28 Zwei Söhne

Ein weiteres Gleichnis, in dem von einem Weinberg die Rede ist, ist das Gleichnis von den zwei Söhnen. Auch dieses Gleichnis kann gut pantomimisch nachgespielt werden. Im Unterrichtsgespräch überlegen alle, ob sie von zu Hause ähnliche Situationen kennen. Gemeinsam kann dann die Besinnung auf dem Arbeitsblatt durchgeführt werden.

Pantomime: Zwei Söhne
Das Evangelium wird pantomimisch dargestellt. Dabei können Requisiten aus dem Alltag der Kinder verwendet werden: Buch, Computer, Fernsehen, Rollerblades, ... Die Kinder sollten dabei selbst mitentscheiden, womit sie sich gerne ablenken.

Sprechblasen
Auch hier können die Gedanken der beiden Söhne in Form von Sprechblasen zwei Figuren an der Tafel oder auf einem Arbeitsblatt zugeordnet werden.

A 29 Böse Winzer

Das Arbeitsblatt A 29 erzählt das Gleichnis von den bösen Winzern, die alles daran setzen, um in den Besitz des kostbaren Weinbergs zu gelangen. Auch hier ist der Weinberg ein Bild für die Menschen und die Welt, die den Sohn Gottes, Jesus, nicht aufgenommen haben.
Gemeinsam wird im Unterrichtsgespräch über das Verhalten der Winzer gesprochen und überlegt, ob und wo die Menschen sich heute für das Reich Gottes einsetzen. Die Kinder tragen in die freien Kästchen ein, warum die Winzer böse handeln und was man tun kann, damit das Reich Gottes Wirklichkeit wird.

A 30 Der Weinstock und die Reben

Arbeitsblatt A 30 stellt den Weinstock in zwei biblischen Texten vor. Zum einen ist es der Psalm 80, in dem das Volk Israel sich selbst als Weinstock bezeichnet. Im Gespräch wird herausgearbeitet, was im Text über diesen Weinstock gesagt wird. Das Ergebnis wird in das freie Kästchen übertragen.

Im zweiten Text handelt es sich um das Bildwort Jesu vom Weinstock und den Rebzweigen als Bild für die enge Verbindung der Menschen mit Jesus. Gemeinsam wird überlegt und in das freie Kästchen eingetragen, was wir tun können, damit wir mit Jesus verbunden bleiben (siehe auch A 31).

Siehe zu diesem Thema auch:
Der Weinstock und die Reben
In: Elsbeth Bihler, »Kommt und seht«, Werkbuch für Eltern und Kinder, S. 99.

A 31 Traube

Das Arbeitsblatt A 31 schließt mit einer »Traube« zum Basteln eines Weinstocks an A 30 an.

Aktion: Weinstock und Rebzweige
Das Bild vom Weinstock wird vergrößert. Die Kinder schreiben in den Stamm den Namen »Jesus«. Auf die einzelnen Zweige schreiben sie ihre eigenen Namen. In die Früchte schreiben sie nach vorherigem Gespräch, was sie in der Welt tun können, weil sie mit Jesus verbunden sind.

A 32 Zum Nachtisch Trauben

In einer Geschichte für jüngere Kinder wird noch einmal das Entstehen der Weintrauben erzählt und durch das Volkslied »Bunt sind schon die Wälder« ergänzt.

Tanz: Bunt sind schon die Wälder
Aufstellung paarweise in einer Reihe; die Paare stehen sich gegenüber und reichen sich die Hand.
Takt 1–6: Die Paare wiegen hin und her, in Takt 6 nehmen sie Aufstellung zum Walzer.
Takt 7–12: Die Paare tanzen hintereinander im Walzerschritt. In Takt 12 wieder zurück zur Ausgangsstellung gehen.

A 33 Die Kundschafter

Das Arbeitsblatt A 33 erzählt in Text und Bild die Geschichte von den Kundschaftern im Land Kanaan, die so große Weintrauben finden, dass sie sie an einem Stock zurück ins Lager des Mose tragen müssen. So erhalten die Israeliten, die mit Mose in der Wüste unterwegs sind, Nachricht und einen Eindruck von dem »gelobten Land«, das ihnen verheißen wurde und in dem sie sich niederlassen wollen.
Die Kinder können anhand dieser Geschichte miteinander erarbeiten, wie ein »gelobtes Land« aussehen müsste, das sie sich wünschen. Sie können dann ein Bild ihres »gelobten Landes« malen, einzeln oder auch als Gemeinschaftsbild.
Die zweite Geschichte erzählt von einem »Kreislauf der Freude«, der durch eine große Traube ausgelöst wird. Hier kann überlegt werden, wie wir selbst anderen Freude machen können und wie wir durch andere schon selber Freude erfahren haben.

Symbolkreis Trauben und Wein — Kommentar

A 34 Wein (Mandala)

Im Zentrum des Arbeitsblattes A 34 steht die Kelter, deren Wein in Fässer fließt und schließlich in Weinkrügen und Gläsern wiederzufinden ist. Bei ruhiger Musik können die Kinder dieses Mandala ausmalen.
Man kann hier evtl. auf die »Gefahren« des übermäßigen Weingenusses hinweisen, wie sie auch in der Bibel zu finden sind:
Gen 9,2–21 (Noah, der erste Weinbauer)
Spr 23,30–31.35
Hld 1,2.4.6 / Hld 2,4–5
Sir 31,25–31

Stilleübung: Trauben und Wein

Alle sitzen im Kreis. In der Mitte liegen Weintrauben und steht eine Karaffe mit Wein. L spricht:

Wir sehen die Weintrauben in unserer Mitte.
Während wir sie betrachten,
läuft uns vielleicht schon das Wasser
im Mund zusammen.

Wir ahnen den Geschmack der Trauben:
ihre Süße,
ihre Saftigkeit,
ihre Fruchtigkeit.

Wir sehen die Trauben.
Wir denken daran,
wie viel Sonne und Regen sie gebraucht haben,
um zu wachsen und zu reifen.

Wir reichen die Trauben herum.
Alle pflücken eine Traube und essen sie.
Dabei schließen wir die Augen,
um sie ganz genießen zu können.

Die Trauben werden herumgereicht.

Wir öffnen die Augen und schauen auf den Wein.
Er funkelt in der Karaffe.
Damit er so klar werden konnte,
brauchte er viel Zeit der Gärung in einem Fass.
Wenn wir den Wein sehen,
denken wir an Feiern und an Feste,
bei denen die Erwachsenen Wein trinken.
Manchmal dürfen wir auch unseren Saft
aus einem Weinglas trinken.

Trauben und Wein brauchten lange,
um klar und reif zu werden.
Es ist so wie mit uns.
Bis wir erwachsen werden
und alles immer besser verstehen,
brauchen wir viel Zeit.

A 35 Die Kelter

Das Arbeitsblatt A 35 stellt die Kelter als Weinpresse vor. Im gemeinsamen Experiment kann man unterschiedliche Früchte, z. B. Orangen, aber auch Weintrauben pressen. Das zweite Bild zeigt Jesus als den »Keltertreter«. Zur Einführung kann evtl. ein Dia von »Traubentretern« gezeigt werden, die mit ihren Füßen die Trauben in einem Fass zerstampfen.

Das Bild von Jesus als Keltertreter stellt das Opfer Jesu dar, der sein Blut am Kreuz verliert und sein Leben hingibt, damit wir froh und glücklich leben können. Dieses Geheimnis wird in den Einsetzungsworten vom Wein deutlich, die die Kinder auswendig lernen und in die freien Zeilen schreiben.

Traubentretertanz

Zu einer beliebigen Musik im 4/4-Takt stampfen die Kinder rechts und links mit ihren Füßen auf und gehen dabei im Kreis herum. So imitieren sie die Traubentreter, die die Trauben zerstampfen.

Die Kelter

Aus Brettern eine eigene Presse bauen und als »Kelter« verwenden. Trauben darin pressen und den Traubensaft auffangen und trinken.

A 36 Neuer Wein in neue Schläuche

Das Arbeitsblatt A 36 stellt den fertigen Wein in Fässern, Flaschen und Gläsern dar. Zunächst wird die Information gegeben, dass die Menschen zur Zeit Jesu noch nicht über Glas verfügten und Wasser und Wein deshalb in »Ziegenschläuchen« abfüllten. Evtl. kann man die Abbildung eines solchen Ziegenschlauches zeigen. Von daher wird die Aussage Jesu, die dann in der Bibelstelle kommt, verständlich.

Unterrichtsgespräch

Gemeinsam wird über die Bibelstelle »Neuer Wein in neue Schläuche« gesprochen: Mit Jesus hat etwas Neues begonnen. Da passen die alten Schläuche nicht mehr. Mit Jesus verändert sich das Leben.
Wie kann sich unser Leben durch Jesus verändern? Wenn wir uns an das halten, was Gott von uns möchte, wie ändern wir unser Verhalten?
In eine Tabelle auf dem Arbeitsblatt wird eingetragen, wie Menschen sich verhalten sollten, wenn sie mit Jesus leben. In das Feld gegenüber wird eingetragen, wie es sein kann, wenn Menschen nicht auf das hören, was Jesus will.

Siehe zu diesem Thema auch:
Der Kelch
In: Elsbeth Bihler, »Kommt und seht«, Werkbuch für Eltern und Kinder, S. 100.

A 37 Hochzeit zu Kana

Auf dem Arbeitsblatt A 37 wird die Geschichte von der Hochzeit zu Kana erzählt, auf der Jesus Wasser in Wein verwandelt und damit sein öffentliches Leben beginnt.

Rollenspiel: Die Hochzeit zu Kana

Auf der Hochzeit zu Kana waren viele Gäste. Einige kannten Jesus näher, anderen war er fremd.
Miteinander überlegen alle im Gespräch, wer alles auf der Hochzeit war: Jesus, die Jünger, Braut und Bräutigam, Maria, die Diener, der Speisemeister, die Verwandten und Freunde des Brautpaares. Alle diese Personen werden auf Zettel geschrieben. Jede/r zieht einen Zettel.

Kommentar — Symbolkreis Trauben und Wein

Dann überlegt sich jede/r: Was hat die Person, die auf meinem Blatt steht, wohl gedacht, als sie das Wunder miterlebt hat? Diese Gedanken werden aufgeschrieben und einander vorgestellt. Jede/r beginnt mit den Worten: Ich bin … (der Name auf dem Zettel wird eingefügt).

Noch anschaulicher wird es für die Kinder, wenn sie für ihre Rolle eine Handpuppe (Tücherpuppe) benutzen können.

Die Ergebnisse dieses Rollenspiels können die Kinder in die Sprechblasen auf dem Arbeitsblatt einfügen.

Gestaltung: Hochzeit zu Kana

Erzählung	Gestaltung
Hier siehst du einen Tisch. Er hat eine festliche Tischdecke.	*Ein weißes rechteckiges Tuch wird in der Mitte ausgebreitet.*
Der Tisch muss noch gedeckt werden, denn es soll eine Hochzeit gefeiert werden.	*Blumen, Teller, Weingläser und Kerzen werden dazugestellt und angezündet.*
Am Kopfende nehmen die Brautleute Platz.	*Zwei ineinandergelegte Ringe werden an die schmale Seite gelegt.*
Viele Leute kommen zur Hochzeit. Auch Jesus kommt mit seinen Freunden und seiner Mutter.	*Eine große Kerze und einige Teelichter werden zum Tisch gestellt.*
Am Hauseingang stehen sechs große Krüge mit Wasser. Die Leute, die zum Fest kommen, können sich dort von der Reise reinigen.	*Sechs Tonkrüge (oder Krüge aus Tonpapier) werden seitlich vom Tisch aufgestellt (hingelegt).*
Plötzlich geht der Wein aus. Das ist peinlich für die Gastgeber. Maria merkt das. Sie redet mit Jesus.	*Ein Teelicht wird zur großen Kerze gestellt.*
Dann geht sie zu den Dienern bei den Krügen. Sie sagt den Dienern: Was Jesus euch sagt, das müsst ihr tun! Danach geht sie zurück zu den anderen.	*Das Teelicht wird zu den Krügen gestellt. Anschließend wird es wieder zum Tisch gestellt.*
Jesus geht zu den Dienern. Er sagt: Schöpft von dem Wasser und bringt es dem Festleiter.	*Die große Kerze wird zu den Krügen gestellt.*
Die Diener schöpfen Wasser und bringen es zu dem Mann, der für das Fest verantwortlich ist. Wie staunte der Festleiter, als er den köstlichsten Wein schmeckte, den er sich denken konnte!	*Aus einem Krug wird Wein in ein Glas geschüttet und auf den Tisch gestellt.*
Und er sagte zu dem Bräutigam: Das hast du falsch gemacht! Den köstlichen Wein musst du zuerst ausschenken und erst später den einfachen, wenn die Leute nicht mehr so darauf achten.	
So begann Jesus im Namen Gottes, Zeichen vor den Menschen zu tun.	*Die Jesuskerze wird wieder mitten auf den Tisch gestellt.*

Siehe zu diesem Thema auch:
Wasser des Lebens – Wein der Freude
In: Elsbeth Bihler, »Kommt und seht«, Werkbuch für Eltern und Kinder, S. 98.

Anschauung:
Wasser des Lebens – Wein der Freude
In der Mitte steht auf einem blauen Tuch ein Glas Wasser, auf einem roten Tuch daneben ein Glas Wein. L spricht:

Wir sehen zwei Getränke in der Mitte:
Wasser und Wein.
Schauen wir zunächst auf das Wasser.
Dann schließen wir die Augen.
Was sehen wir, wenn wir an Wasser denken?
Regentropfen?
Das Meer?
Einen sprudelnden Bach?
Eine kleine Quelle?
Einen breiten Fluss?
Wo Wasser ist, ist Leben.
Deshalb wurden wir mit Wasser getauft.
Gott möchte, dass wir leben.
Deshalb hat er uns in der Taufe
ewiges Leben geschenkt.

Wir öffnen die Augen.
Wir schauen auf den Wein.
Lang hat er gebraucht, bis er so funkelnd
und klar in dem Glas steht.
Wenn wir an Wein denken,
denken wir an Feste und Feiern.
Wir feiern, damit wir fröhlich sind.
Wir feiern die Gemeinschaft.
Wir feiern wichtige Momente in unserem Leben.
Gott möchte, dass wir glücklich leben.
Deshalb hat er den Wein genommen,
als er beim letzten Abendmahl den Jüngern sagte:
Das bin ich für euch.
Das ist mein Blut.
Das ist mein Leben für euch.
Denkt immer daran.
Feiert miteinander zum Gedenken an mich.

A 38 Silbenrätsel Brot und Wein

Das Arbeitsblatt A 38 bietet ein Silbenrätsel zu den Symbolen Brot und Wein an, das die Kinder ausfüllen können.

Symbolkreis Fest

A 39 Die heilige Gabe des Festes

Mit dem Arbeitsblatt A 39 beginnt der Themenkreis »Fest und Feier«. In einem Eskimo-Märchen wird vorgestellt, was notwendig ist, damit ein Fest stattfinden kann. Nach dem Lesen der Geschichte wird dies noch einmal gemeinsam erarbeitet. Die Ergebnisse werden an der Tafel gesammelt und dann in das Arbeitsblatt übertragen. Zur Vertiefung kann die Geschichte verklanglicht und als Scherenschnitt dargestellt werden.

Scherenschnitt: Die heilige Gabe des Festes
Material: schwarzes Tonpapier, weißes Papier, eine feine Schere, Klebstoff, Bleistift, Schmierpapier
Die Geschichte wird vorgelesen und jede/r sucht eine Szene aus, die er/sie gerne darstellen möchte. Dann wird eine Skizze entworfen, die auf das schwarze Tonpapier übertragen wird (nur die Umrisse zeichnen). Die Figuren wirken umso kunstvoller, je feiner sie geschnitten werden. Die ausgeschnittenen Figuren werden dann auf weißes Papier geklebt.

Verklanglichung: Die heilige Gabe des Festes

Vorstellung	Verklanglichung
Rentierjäger	Ein Ton auf dem Xylophon, immer wieder
Adlermutter	Melodie auf dem Glockenspiel
Adlervater	Melodie auf dem Metallophon
Rentierjäger, nachdem er gelernt hat	Melodie auf dem Xylophon
Die Gäste kommen.	Zu jedem genannten Tier ein Instrument aussuchen.
Das Fest ist im Gange und hört auf.	Alle Instrumente spielen gleichzeitig und verklingen nach einer Weile eins nach dem anderen.

Tanz: Nimm dir Zeit zum Feiern
Aufstellung im Kreis, die Hände durchgefasst.
Teil 1: Alle gehen im Beistellschritt rechts herum, den Oberkörper nach vorne geneigt.
Teil 2: Alle richten sich auf und schreiten rechts herum weiter.
Teil 3: Alle hüpfen im Kreis.
Als Kanontanz kann dieses Lied auch in drei ineinander gestellten Kreisen getanzt werden.

A 40 Das Fest kann nicht stattfinden

Das Arbeitsblatt A 40 stellt in einer Geschichte vor, dass ein Fest nur dann gelingt, wenn alle Beteiligt bereit sind, etwas dazu beizutragen. Gemeinsam wird überlegt, was die Brautleute fühlen und denken, nachdem das Fest so misslungen ist. Jedes Kind schreibt seine eigenen Gedanken dazu in den freien Platz
Der Geschichte wird der Psalm 45 gegenübergestellt, der die Hochzeit des Königs besingt. Zu diesem Psalm können die Kinder ein gemeinschaftliches Bild malen, dass das Fest des Königs schön ausschmückt und darstellt.
Das gemeinschaftliche Erlebnis eines Festes kommt auch in folgendem Lied zum Ausdruck:

Lied: Wir feiern heut ein Fest

T: Rolf Krenzer, M: Ludger Edelkötter

Spielanleitung
2 bis 3 Kinder bilden eine Kette und gehen durch den Raum. Bei »Herein, herein« winken sie anderen zu, die mitgehen sollen. Das geht so lange, bis alle tanzen. Dann wird der erste Teil noch einmal gesungen und alle hüpfen im Kreis.

A 41 Jahreskreis (Mandala)

Mit den Kindern klären, was das Arbeitsblatt A 41 darstellt. Der Anfang des Jahreskreises, Advent, wird gesucht und davon ausgehend die unterschiedlichen Zeiten und Feste benannt. Dann malen die Kinder das Mandala bei ruhiger Musik aus.

A 42 Feste im Jahreskreis

Das Arbeitsblatt A 42 greift die Feste im Jahreskreis noch einmal auf, indem die Kinder den Bildern die Namen der Feste zuordnen und sie auf die Strahlen eintragen. Texte und Lieder zu den Festzeiten finden sich im Werkbuch »Kommt und seht« zur Kommunionvorbereitung:
»Advent und Weihnachten«, S. 20–27
»Fastenzeit und Ostern«, S. 57–69
»Was nach Ostern geschah«, S. 73–76.

A 43 Feste im Lebenslauf

Das Arbeitsblatt A 43 zeigt mögliche christliche Feste im Lebenslauf eines getauften Menschen. Die Kinder tragen die Namen in die entsprechenden Zeilen ein.

Siehe zu diesem Thema auch:
Du bist getauft
In: Elsbeth Bihler, »Kommt und seht«, Werkbuch für Eltern und Kinder, S. 80.

Lied: Unser Leben sei ein Fest

T: Josef Metternich, M: Peter Janssens

Tanz: Unser Leben sei ein Fest
Aufstellung in einer Reihe, zur Kette durchgefasst. Schrittfolge: Viertel.
Alle gehen hintereinander auf die Kreisfläche und tanzen eine Spirale, indem sie dem/der Ersten folgen. Wenn der/die Erste wieder am Mittelpunkt angelangt ist, wird die Spirale wieder rückwärts getanzt.

Ein Fest
Miteinander ein Fest feiern: den Raum festlich herrichten, ein Festmahl zubereiten und Gäste einladen. Für Musik und Tanz sorgen und Geschichten erzählen.

Tischschmuck
Material: Tonpapier, Scheren, Klebstoff, Zeichenstifte
Für ein Fest unterschiedlichen Tischschmuck basteln: Serviettenringe, Namensschilder, Blumen, Deckchen. Die Art des Tischschmucks sollte mit dem Anlass des Festes übereinstimmen.

Ein Festlied
Für ein anstehendes Fest (Hochzeit, Geburtstag, …) ein Festlied für den/die Gastgeber/in dichten, vertonen und beim Fest gemeinsam vortragen. Es bietet sich an, hierfür bekannte Melodien zu wählen.

Lied: Zur Pauke tanzen
In der Bibel wird öfter davon gesprochen, dass Menschen »zur Pauke« getanzt haben (z. B. Mirjam in Exodus 15,19–21 oder Jiftachs Tochter in Richter 11,34). Auf manchen Abbildungen sind diese »Pauken« als Handtrommeln oder Schellentrommeln dargestellt.
Auf ähnliche Weise kann man versuchen, einen Rhythmus auf der Handtrommel oder Schellentrommel zu spielen und dazu Tanzschritte zu erfinden.

A 44 Es ist Sonntag

Das Arbeitsblatt A 48 stellt in einem Text und einer Geschichte den Sonntag als wöchentlichen Festtag vor.

Gespräch: Sonntag
Viele Menschen benehmen sich wie die Tiere in der Geschichte: Sie machen alles Mögliche, um sich das Leben angenehmer zu machen, aber sie vergessen dabei, an Gott zu denken. Was tun sie statt dessen?
Im Gespräch sollten die Kinder weiter zum Ausdruck bringen, wie sie die Sonntage verbringen und was sinnvoll für die Gestaltung eines Sonntags sein könnte.

Verklanglichung der Geschichte
Orffinstrumente liegen in der Mitte verteilt. Jedem Tier und auch den Menschen wird ein Instrument oder eine Melodie zugeordnet. Dann wird die Geschichte gelesen und dazu verklanglicht.

Der Sonntag der Menschen
Auf ein Plakat wird eine große Sonne als Zeichen für den Sonntag gemalt oder gelegt. Nach dem Gespräch über den Sonntag (siehe oben) schreiben die Kinder um die Sonne herum, was die Tiere in der Geschichte am Sonntag tun und was Menschen meistens am Sonntag machen. In die Sonne schreiben sie: »Sonntag wird, wenn man mit Gott wie mit einem Freund spricht.«

A 45 Das Gleichnis vom Festmahl

Das Arbeitsblatt A 45 stellt die Geschichte vom himmlischen Gastmahl vor. Gemeinsam überlegen die Kinder, wie man sich wohl fühlt, wenn man ein Fest feiern möchte und keiner der geladenen Gäste kommen will.
Die Kinder überlegen weiter, ob sie selbst die Einladung Jesu annehmen und wie sie das immer wieder tun können. Eine weitere Überlegung könnte sein, welche Entschuldigungen Menschen heute haben, um nicht zum Fest mit Jesus am Sonntag zu kommen.

Stilleübung: Das große Fest
Alle TN sitzen im Kreis. In der Mitte ist ein kleiner Tisch festlich geschmückt; kleine Stühle (Kindergartenstühle) stehen darum herum. L spricht:

Wir sehen in der Mitte einen festlich gedeckten Tisch.
Noch sind keine Gäste da.
Wer wird wohl kommen?

Wir schließen die Augen und stellen uns
diesen Tisch vergrößert vor.

Symbolkreis Fest — Kommentar

Er steht in einem großen, prächtigen Saal.
Die Tür geht auf und herein kommt der Gastgeber.
Oder ist es eine Gastgeberin?
Sind wir es am Ende selber?
Wen würden wir jetzt zu einem Fest einladen?
Wir sehen unsere Wunsch- und Traumgäste
vor unseren Augen.
Sie kommen alle und setzen sich an den Tisch.
Die Musikanten sind eingetroffen
und beginnen zu spielen.
Welche Melodie spielen sie?
Vielleicht unsere Lieblingsmelodie.
In Gedanken tanzen wir zu dieser Melodie.

Ein solches Fest mit lieben Menschen
macht uns glücklich.
Wir brauchen Feste,
um unser Leben zu gestalten,
um anderen unsere Freude mitzuteilen,
um die Gemeinschaft mit anderen zu genießen.
Verlassen wir jetzt den Festsaal
und kommen wir zurück in die Wirklichkeit.

Gestaltung zum Evangelium

Text	Gestaltung
Jesus sagte: Bei Gott, meinem Vater, ist es wie auf einem großen Fest.	*Ein weißes Tuch wird als Tisch in der Mitte ausgebreitet.*
Da war ein König.	*Eine Krone aus Goldpapier wird an den Kopf der Tafel in der Mitte gelegt.*
Der König hatte einen Sohn. Der Sohn wollte heiraten.	*Eine zweite, kleinere Krone wird zu der ersten gestellt.*
Die Diener des Königs hatten einen festlichen Tisch gedeckt mit Tellern und Gläsern, mit Blumen und Kerzen. Auch das Essen war fertig.	*Die Kinder decken das Tuch in der Mitte festlich mit den genannten Gegenständen.*
Der König sagte zu seinen Dienern: Geht und holt die Gäste herbei. Die Diener gingen los. Aber keiner der Gäste, die eingeladen waren, wollte jetzt kommen. Da wurde der König traurig.	*Ein schwarzes Tuch wird um den Tisch gelegt.*
Er sagte zu seinen Dienern: Wenn die, die eingeladen waren, nicht kommen wollen, dann geht hinaus auf die Straße und bringt zu unserem Fest alle mit, die ihr trefft. Die Diener gingen und das Fest wurde gefeiert.	*Das schwarze Tuch wird wieder entfernt.*
Der König sah sich seine Gäste an. Alle hatten sich fein gemacht, so gut sie konnten.	*Zum Tisch werden bunte Tücher in der Form eines Gewandes gelegt. Dieses Gewand wird dann mit Perlen und Schnüren reich verziert.*

Spiel: Willst du mein Gast beim Festmahl sein
Zum Lied kann die Geschichte gespielt werden

Collage: Das große Fest
Material: Zeitungen, Klebstoff, ein großer Bogen Papier, Scheren, Wachsmalkreiden
Auf den großen Bogen Papier wird mit Wachsmalkreiden ein Raum gemalt. In den Raum hinein werden ein festlich gedeckter Tisch, Platz für eine Musikkapelle und eine Tanzfläche gemalt. Aus den Zeitungen werden Menschen ausgeschnitten, die an diesem Fest teilnehmen: Passanten, Arme und Reiche, Musiker, Tänzer usw. Diese Figuren werden dann in den gemalten Raum gelegt, richtig angeordnet und schließlich aufgeklebt.

Siehe zu diesem Thema auch:
Wir sind eingeladen
In: Elsbeth Bihler, »Kommt und seht«, Werkbuch für Eltern und Kinder, S. 101.

A 46 Das Märchen von Sadko

Das Arbeitsblatt A 46 beschreibt anschaulich, wie wichtig die Musik bei einem Fest ist und wie der Musiker schließlich auch dafür belohnt wird. Im Gespräch erarbeiten die Kinder, dass die Zahl Drei in der Geschichte wichtig ist mit der jeweiligen Steigerung (die Wellen aus dem See werden immer höher), welche Farben in der Geschichte von Bedeutung sind (Blau, Weiß und Gold), wofür sie stehen könnten und welche Tätigkeiten in der Geschichte wichtig sind. Zur Vertiefung kann die Geschichte als Tücherspiel nachgespielt werden.

Tücherspiel: Das Märchen von Sadko
Ein großes blaues Tuch liegt in der Mitte der Spielfläche und wird von einigen Mitspieler/innen der Stärke der Wellen entsprechend bewegt. Am Rand liegt ein weißes Tuch über einem Hocker als weißer Stein. In einer Ecke ist Sadkos Haus angedeutet: Zwei Spieler/innen halten senkrecht vor sich je ein Tuch. Diese beiden Tücher werden mit einem weiteren Tuch quer verbunden als »Dach«. Ein weiteres Tuch kann als Hausrückwand quer gehängt werden. Die Ecken werden jeweils von den beiden Mitspieler(inne)n gehalten.
Mit anderen Tüchern werden die Personen bekleidet. Besonders über die Farben von Sadko und die Farben des »Herrn des Ilmensees« sollte man sich Gedanken machen.

A 47 Psalmen und Lieder

Das Arbeitsblatt A 47 beschreibt in zwei Beispielen aus dem Neuen und Alten Testament, dass das Singen und Musizieren für Gott zur Ausübung der Religion gehört.

Wofür wir Gott danken und loben können

Miteinander im Gespräch überlegen, wofür wir Gott danken und loben können: für Menschen, Dinge, Tiere, die ganze Schöpfung, …
Jedes Kind schreibt oder malt in die Kreise hinein, wofür es Gott danken und ihn loben möchte.
Danach stellen die Kinder vor, was sie geschrieben oder gemalt haben und legen ein großes Bild in der Mitte.

Lob und Dank verklanglichen

Mit Orffinstrumenten, die in der Mitte liegen, versuchen die Kinder das oben Genannte in Klang umzusetzen und dazwischen einen Liedruf als Dank zu singen.
Der Psalm 150 kann auch wie im folgenden Lied gesungen und getanzt werden.

Lied: Halleluja! Lobet Gott

1. Halleluja, lobet Gott in seinem Heiligtum, lobet ihn in der Feste seiner Macht!
Lobet ihn für seine Taten, lobet ihn! Lobet ihn in seiner großen Herrlichkeit!
Refr.: Alles, was Odem hat, lobe den Herrn! Halelujah! Alles, was Odem hat, lobe den Herrn. Halelujah!

2. Lobet ihn mit den Posaunen, lobet ihn,
lobet ihn mit Psalter und mit Harfen!
Lobet ihn mit Pauken und mit Reigen,
lobet ihn mit Saiten und mit Pfeifen!

3. Lobet ihn mit hellen Zimbeln, lobet ihn,
lobet ihn mit wohlklingenden Zimbeln!
Lobet ihn für seine Taten, lobet ihn!
Lobet ihn in seiner großen Herrlickeit!

T und M: Bernd Draffehn (nach Psalm 150)

Tanzbeschreibung

Aufstellung auf der Kreisbahn, die Hände durchgefasst, die Arme erhoben.

Strophen:
Takt 1–4: 16 Schritte auf der Kreisbahn rechts herum gehen.
Takt 5–8: 16 Schritte links herum gehen.
Takt 9–16: Wiederholung von Takt 1–8.

Refrain:
Takt 1–4: 8 Schritte in die Mitte gehen, Arme von unten nach oben führen, und wieder 8 Schritte zurück, die Arme oben lassen.
Takt 5–8: Um sich selbst drehen.
Takt 9–16: Wiederholung von Takt 1–8.

Um den Lobpsalm musikalisch umzusetzen, können auch eigene Instrumente gebastelt werden:

Instrumente basteln: Trommel

Material: leere Waschmitteltonne oder Eimer, starkes Pergamentpapier, Schnur, zwei Holzstäbe, Stoffreste
Das Pergamentpapier wird straff über die offene Seite des Eimers/der Waschmitteltonne gespannt und mit der Schnur befestigt. Um das eine Ende der Holzstäbe wird Stoff gewickelt und mit der Schnur befestigt, sodass sie als Schlegel dienen können.

Instrumente basteln: Rassel

Material: leere Schachteln, Kaffeedosen, Jogurtbecher, evtl. festes Tonpapier und Schnur, Kieselsteinchen
In die Kaffeedosen werden die kleinen Steinchen gefüllt und die Dosen dann verschlossen. Wenn kein Verschluss mehr da ist, die Dosen mit Ton- oder Pergamentpapier und Schnur fest verschließen. Durch Schütteln gibt die Rassel nun Geräusche von sich.

Instrumente basteln: Schlauchtrompete

Material: ein Stück Gartenschlauch, Haushaltstrichter
In das eine Ende des Gartenschlauchs wird ein Trichter als Schallverstärker gesteckt und gut befestigt (evtl. Hohlraum noch mit Papier o. Ä. abdichten). Jetzt kann versucht werden, die Luft durch das andere Ende des Schlauchs zu pressen, sodass ein Ton herauskommt.

Instrumente basteln: Gummizither

Material: Zigarrenschachtel oder Keksdose, Gummibänder, kleine Nägelchen, Hammer
In gleichmäßigem Abstand werden an beiden Längsseiten der Zigarrenschachtel die Nägelchen befestigt. Die Gummibänder werden dann von einer Seite zur anderen gespannt. Je nachdem, wie fest oder locker sie gespannt sind, entstehen unterschiedliche Tonhöhen.

Symbolkreis Fest — Kommentar

Instrumente basteln: Zupfbass
Material: Besenstiel, alter Eimer, Schnur
Der Besenstiel wird durch den Boden des Eimers gelassen. Am oberen Ende des Besenstiels und am Rand des Eimers wird eine Schnur befestigt. Jetzt kann man den Bass zupfen und durch Verkürzen der Schnur unterschiedliche Tonhöhen herausbekommen, indem man die Schnur mit dem Finger auf den Besenstiel drückt.

Instrumente basteln: Flaschenklavier
Material: leere Weinflaschen, Wasser, ein Löffel
Die leeren Weinflaschen werden in unterschiedlicher Höhe mit Wasser gefüllt und mit dem Löffelstiel angeschlagen. Durch Hinzufügen oder Abschütten werden unterschiedliche Tonhöhen erzeugt.

Siehe zu diesem Thema auch:
Arbeitsblätter »Gastfreundschaft«
In: Elsbeth Bihler, Symbolkreis »Haus – Stadt – Steine«, A 38–42.

A 48 Gottesdienst

Mit dem Arbeitsblatt A 48 wird der Gottesdienst am Sonntag als Fest mit Jesus eingeführt. Die Geschichte wird miteinander gelesen und dann besprochen, was wir im Gottesdienst miteinander tun. Diese Dinge werden in die entsprechenden Zeilen auf dem Arbeitsblatt eingetragen.

Siehe zu diesem Thema auch:
Was für die Messe gebraucht wird
In: Elsbeth Bihler, »Kommt und seht«, Werkbuch für Eltern und Kinder, S. 102.

A 49 Das Andenken

Das Arbeitsblatt A 49 führt den Gedanken »Tut dies zu meinem Gedächtnis« in einer Geschichte ein. Nach dem Lesen der Geschichte wird miteinander überlegt, wie wir an andere denken und welche Gegenstände uns an Menschen erinnern, die wir lieb haben.

Tanz: Ich lade dich ganz herzlich ein
Alle stehen im Kreis mit durchgefassten Händen. Das Lied wird einmal langsam gesummt, dabei wiegen alle von links nach rechts auf der Stelle. Die erste Strophe wird gesungen, dann wieder die Melodie gesummt. Zur zweiten Strophe heben alle die Arme, dabei bleiben die Hände durchgefasst. Beim letzten Summen werden die Arme wieder langsam gesenkt.

Siehe zu diesem Thema auch:
»Emmaus und die Messe«
Elsbeth Bihler, »Kommt und seht«, Werkbuch für Eltern und Kinder, S. 70 und 71.

A 50 Das letzte Abendmahl

Die zentrale biblische Geschichte für die Feier der Heiligen Messe wird auf dem Arbeitsblatt A 50 mit dem ältesten Abendmahlsbericht aus dem Korintherbrief vorgestellt. Dazu können Bilder zum Abendmahl, z. B. von Sieger Köder, betrachtet werden. Der Lückentext auf dem Arbeitsblatt, mit dessen Hilfe sich die Kinder die Einsetzungsworte in der Heiligen Messe einprägen können, vertieft die Abendmahlsgeschichte noch einmal.

Besinnung: Brot und Wein

Besinnung Brot	Besinnung Wein
Wir sehen das Brot in der Mitte. Das Brot ist aus Mehl geworden. Die Körner für das Mehl wuchsen auf dem Feld. Das Korn wurde geschnitten. Die Körner wurden zermahlen. Das Mehl wurde zu einem Teig geknetet. Im Backofen wurde das knusprige Brot daraus. Wir brauchen Brot zum Leben. Jesus, du sagst: Dieses Brot, das bin ich für euch. In jeder Messe sagt es der Priester uns immer wieder. Du willst uns nah kommen. So nah, dass wir dich in uns aufnehmen, wenn wir dieses Scheibchen Brot essen. Dann kommst du zu uns. Dann ist ein Stück vom Himmel in uns. Danke, guter Jesus, dass du uns nah sein willst. Amen.	Wir sehen den Wein in der Mitte. Es dauert lange bis aus den Weintrauben funkelnder Wein wird. Er muss lange in der Sonne reifen. Dann wird er geerntet. Die Trauben werden gepresst. Sie verändern sich. Sie werden zu Saft. Der Saft kommt in Fässer. Er muss gären und klar werden. Dann wird Wein daraus. Funkelnd, gelb oder rot. Wenn wir ein Fest feiern, kommt er auf den Tisch. Jesus, du möchtest, dass wir froh sind. Du möchtest, dass wir leben. Du sagst: Dieser Wein, das ist mein Blut. Das ist die Kraftquelle meines Lebens. Das bin ich für euch. Ich vergieße es, damit ihr glücklich leben könnt. Jesus, danke, dass du uns froh machen willst. Amen.

Siehe zu diesem Thema auch:
Gründonnerstag
In: Elsbeth Bihler, »Kommt und seht«, Werkbuch für Eltern und Kinder, S. 64.

Stillübung
Die Stillübung »Brot in der Hand« (siehe Seite 64) mit Hostien durchführen und beim Verteilen und Essen der Hostien das folgende Lied miteinander summen und singen.

Lied: Und nahm, gab und brach

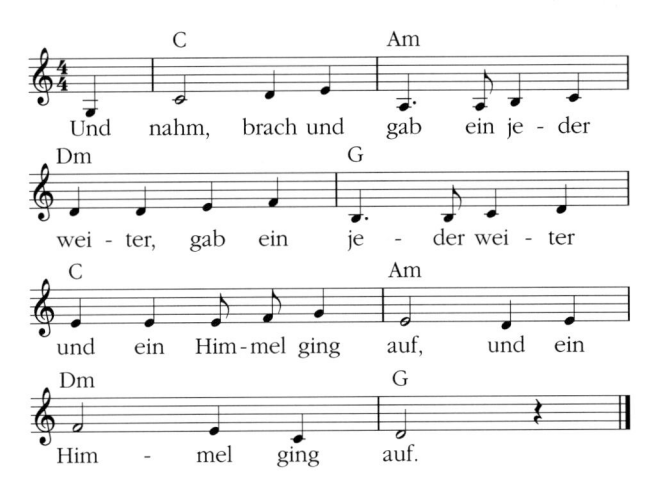

Und nahm, brach und gab ein jeder weiter, gab ein jeder weiter und ein Himmel ging auf, und ein Himmel ging auf.

T: Hermann J. Eimüller, M: Peter Janssens

A 51 Messe (Mandala)

Das Arbeitsblatt A 51 zeigt in einem Mandala noch einmal alle Elemente, die für die Messfeier wichtig sind. Dieses Mandala können die Kinder bei ruhiger Musik ausmalen, nachdem sie über die Messe gesprochen haben.

Eucharistie – Feier des Lebens und des Glaubens

Text	Haltung	Messablauf
Wir kommen an und feiern ein Fest, miteinander und mit Jesus. Wir begrüßen uns. Wir begrüßen dich, Gott. Wir sprechen: Im Namen des Vaters und des Sohnes und des Heiligen Geistes. Amen.	Stehen. Kreuzzeichen machen.	*Begrüßung Kreuzzeichen*
Wir sind hier, so wie wir sind. Mit allem, was uns froh macht, mit allem, was uns belastet. Wir vertrauen dir und deinem Erbarmen.	Hände vor der Brust kreuzen. Dann nach vorne hin öffnen.	*Kyrie*
Wir loben und preisen dich, Herr, denn du bist groß. Wir bringen alles vor dich, was uns bewegt.	Wir öffnen die Hände weit nach oben.	*Gloria Tagesgebet*
Wir hören auf dich und deine Botschaft.	Setzen, Hände offen auf die Beine legen.	*Lesung Zwischengesang Evangelium (Predigt)*
Wir bekennen, dass wir zu dir gehören. Wir bekennen unseren Glauben.	Wir stellen uns hin und öffnen die Hände vor uns.	*Glaubensbekenntnis*
Wir bringen alles vor dich, was uns bewegt. Wir beten für Menschen in Not.	Hände falten.	*Fürbitten*
Wir geben, was wir haben: Brot und Wein, Geld für Notleidende, uns selbst und unsere Fähigkeiten	Hände wie eine Schale formen und Arme nach vorne strecken.	*Gabenbereitung*
Wir preisen dich. Du verwandelst Brot und Wein in dich selbst. Du schenkst dich uns. Du verwandelst unser Leben	Knien	*Hochgebet*
Wir beten das Vater unser. Es verbindet uns mit allen Christen der ganzen Welt.	Die Hände reichen zum Zeichen der Gemeinschaft.	*Vaterunser*
Du schenkst dich uns. Du gibst dich uns zur Speise. Du willst bei uns sein. Du willst in uns sein. Du heiligst uns	Eine Hand auf die andere wie beim Kommunionempfang legen.	*Kommunion*
Du segnest uns. Du sendest uns. Wir gehen in die Welt mit deinem Auftrag. Bleibe bei uns. Amen.	Kreuzzeichen	*Segen*

Das dritte Hochgebet mit Tüchern gestalten
Die Kinder (K) haben farbige Tücher um die Schultern.
Ausgangsposition: offener Halbkreis um den Altar.

Präfation

P: Der Herr sei mit euch. A: Und mit deinem Geiste. P: Erhebet die Herzen. A: Wir haben sie beim Herrn. P: Lasset uns danken dem Herrn, unserm Gott. A: Das ist würdig und recht.	*P breitet Hände aus.* *K: Hände empfangend nach vorn strecken* *K: Hände nach oben strecken.* *K: verneigen*
P: Wir danken dir, Gott. Denn wunderbar sind deine Werke. Die ganze Welt hast du erschaffen: Die Sonne gibt uns Licht und Wärme. Sie lässt das Korn und die Früchte reifen. Blumen und Tiere, Wälder und Wiesen – alles ist für uns da. Du gibst uns Menschen Verstand und Phantasie. Wir bauen Häuser und Straßen. Wir können vieles erfinden, was uns das Leben leichter macht. Darüber freuen wir uns, dafür danken wir dir, Vater.	*K mit gelben Tüchern: Halbkreis vor dem Altar, darum gruppieren sich blaue, rote, weiße, braune K in Hockstellung als Blumen und Tiere. Grüne K als Bäume stehen aufrecht dazwischen.* *K: bunter Kreis, die Arme hoch in die Luft strecken.*
Zusammen mit allen, die an dich glauben, zusammen mit den Heiligen und den Engeln preisen wir dich und rufen: A: Heilig, heilig, heilig, Gott, Herr aller Mächte und Gewalten. Erfüllt sind Himmel und Erde von deiner Herrlichkeit. Hosanna in der Höhe. Hochgelobt sei, der da kommt im Namen des Herrn. Hosanna in der Höhe. P: Ja, du bist heilig, großer Gott, und du bist gut zu allen. Wir danken dir. Besonders danken wir dir für Jesus Christus. An ihn hast du zuerst gedacht, als du die Welt erschufst. Er hat uns durch seine Taten gezeigt, was du mit der Welt vorhast: Du willst einen neuen Himmel und eine neue Erde.	*K: Halbkreis vor dem Altar bilden.* *(evtl. als Lied)* *K mit braunen Tüchern: in Kreuzform neben den Altar stellen, davor und dazwischen Gruppen, die »Hilfe« und »Gemeinschaft« darstellen.*
Er hat uns jetzt zusammengeführt an einen Tisch, damit wir tun, was er getan hat. Deshalb haben wir Brot und Wein bereitet. Wir bitten dich, Vater: Heilige diese Gaben, dass sie für uns zum Leib und Blut Jesu Christi werden. Jesus war am Abend vor seinem Tod mit seinen Jüngern zusammen, um das Ostermahl mit ihnen zu halten.	*K: Kreis um den Altar, knien.*
Da nahm er Brot und dankte dir, Vater. Er teilte das Brot, gab es seinen Jüngern und sagte: Nehmet und esset alle davon: Das ist mein Leib, der für euch hingegeben wird. Dann nahm Jesus auch den Kelch mit Wein und sprach den Lobpreis. Er gab den Kelch seinen Jüngern und sagte: Nehmet und trinket alle daraus: Das ist der Kelch des Neuen und Ewigen Bundes, mein Blut, das für euch und für alle vergossen wird zur Vergebung der Sünden. Dann sagte er: Tut dies zu meinem Gedächtnis.	*K: knien.* *Einander um die Schulter fassen.*
Darum sind wir hier versammelt, Vater, und denken an alles, was Jesus für uns getan hat und auch jetzt für uns tut. In diesem Opfer, das er uns anvertraut hat, feiern wir seinen Tod und seine Auferstehung. Du hast sein Opfer angenommen. V: Gott, du bist gut. A: Wir loben dich, wir danken dir. Nimm auch an, was wir dir darbringen. P: Er hat sein Leben hingegeben. Er ist auferstanden von den Toten. Er lebt mitten unter uns. V: Gott, du bist gut. A: Wir loben dich, wir danken dir. P: Am Ende wird er kommen in Herrlichkeit. Dann wird es keine Not mehr geben und niemand braucht mehr zu weinen und traurig zu sein.	*K: zum Boden beugen, aufstehen, die Hände zum Altar strecken.* *V: Hände in die Höhe.* *K: einmal um sich selbst drehen (immer wenn der Liedruf kommt, wiederholt sich diese Bewegung).*

V: Gott, du bist gut. A: Wir loben dich, wir danken dir. P: Vater, du hast uns zu diesem Mahl zusammengerufen. Im Heiligen Geist versammelt, empfangen wir den Leib und das Blut Christi. Gib uns die Kraft, so zu leben, dass du Freude an uns hast. Öffne unsere Augen für deine Welt. Lass uns so mit ihr umgehen, dass alle Menschen an ihr Freude haben können, dass es gerechter bei uns zugeht und dass Friede herrscht. Zusammen mit unserem Papst N. und unserem Bischof N. bitten wir dich: Lass uns einst mit allen, die an dich glauben, für immer bei dir zu Hause sein. Lass uns mit Maria und allen Heiligen dein Lob singen ohne Ende durch unseren Herrn Jesus Christus. Durch ihn und mit ihm und in ihm ist dir, Gott, allmächtiger Vater, in der Einheit des Heiligen Geistes alle Herrlichkeit und Ehre jetzt und in Ewigkeit. A: Amen.	*K: im Kreis um den Altar stehen bleiben.* *K: Hände zu den Gaben strecken.*

A 52 Die Legende von Tarzisius

Die Legende von Tarzisius auf A 52 beschreibt den Wert, den das eucharistische Brot für gläubige Christen haben kann. Zur Geschichte können Bilder gemalt werden.

A 53 Heiliges Brot

Das Arbeitsblatt A 53 bringt den Aspekt der eucharistischen Anbetung in Bild und Text zum Ausdruck.

Meditation zum Bild
Das können wir auf dem Bild entdecken:
Das Samenkorn. Die sieben Ähren. Den Baum. Das Kreuz. Die Sonne. Den Kelch. Die Hostie.

Kommunion heißt Gemeinschaft.
Gemeinschaft mit Gott
Gemeinschaft mit Jesus
Gemeinschaft untereinander
Gemeinschaft der Kirche
Das Haus der Gemeinschaft
Das Haus der Christen

Die Kirche
Brot füreinander sein
Sieben Ähren
Sieben Sakramente:
Taufe, Kommunion, Beichte, Firmung, Ehe, Priesterweihe, Krankensalbung.

Kelch und Hostie
Brot zum Leben
Nahrung auf dem Weg
Stärkung der Kirche durch Gott
auf dem Weg des Lebens

Der Baum
Unser Leben
Verwurzelt in dem, wo wir herkommen
Vergangenheit
Beständig in dem, was wir sind
Gegenwart
Blätter der Hoffnung,
die sich ausstrecken,
dem Licht, Gott entgegen
Zukunft

Der Baum
Ein Kreuz
Jesus
Mit uns auf dem Weg
Gekreuzigt
Gestorben
Begraben
Auferstanden
Unsere Hoffnung

Die Sonne
Gott
Umstrahlt alles
Erhellt
Wärmt
Tröstet
Gott
Der ICH BIN DA

In unserem Leben
In unserer Gemeinschaft
Der Gott, der mit uns geht
Der uns trägt
Der uns vergibt
Der uns hält
Der uns Hoffnung gibt
Auf ewiges Leben
Bei ihm

Das Samenkorn
Reich Gottes
Geschenk an uns
Schon da
Noch nicht vollendet
Unser Auftrag
Unsere Sendung

Der Heilige Geist
Der uns Kraft gibt
Das Samenkorn zum Wachsen bringt
In uns und in der Gemeinschaft der Christen
Im Namen des Vaters und des Sohnes
und des Heiligen Geistes. Amen.